UNE AUTRE HISTOIRE DU XXe SIÈCLE
DE L'ACTUALITÉ À L'HISTOIRE

973.93
PIE

1980/1990
UN NOUVEL ÉCHIQUIER

SOMMAIRE

I / SCÈNE DU MONDE

8 / LE MOYEN-ORIENT DÉCHIRÉ

18 / BRAS-DE-FER ENTRE LES DEUX GRANDS

30 / L'EUROPE DANS TOUS SES ÉTATS

50 / LE TROISIÈME MONDE TOUT EN CONTRASTES

70 / LA FIN DU MONDE SOVIÉTIQUE

82 / SCIENCES ET TECHNIQUES

94 / OBJETS

102 / IMAGES

120 / EXPLOITS

132 / CRÉATEURS ET CRÉATIONS

ANNEXES

146 / CHRONOLOGIE

154 / INDEX DES NOMS

**UNE AUTRE HISTOIRE DU XXe SIÈCLE
DE L'ACTUALITÉ À L'HISTOIRE**

1980/1990
UN NOUVEL ÉCHIQUIER

Michel Pierre

DÉCOUVERTES GALLIMARD

LE MONDE EN 1980

La géographie des zones de tensions se modifie peu (Proche et Moyen-Orient) ou se localise en un point précis (guerre des Malouines). Si l'Europe de l'Est est à nouveau d'actualité, ce n'est pas cette fois dans un grand fracas d'armes mais par l'effondrement en quelques mois d'un système politique, économique et diplomatique qui se voulait infaillible. A côté des enjeux de la démocratie (ignorée par la Chine, guère pratiquée par l'Afrique mais en partie de retour en Amérique du Sud), le monde affronte le développement de risques liés à l'écologie avec la catastrophe de Tchernobyl ainsi que l'effroyable épidémie du sida.

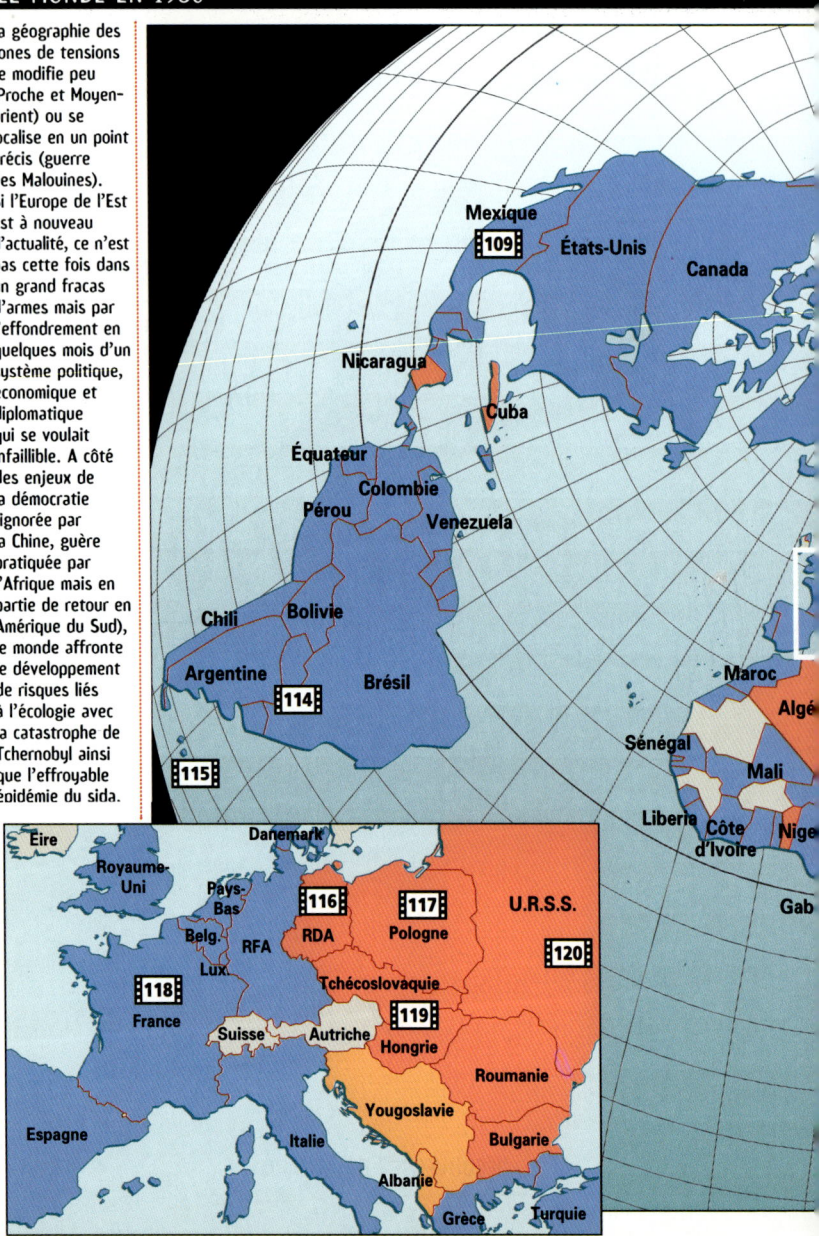

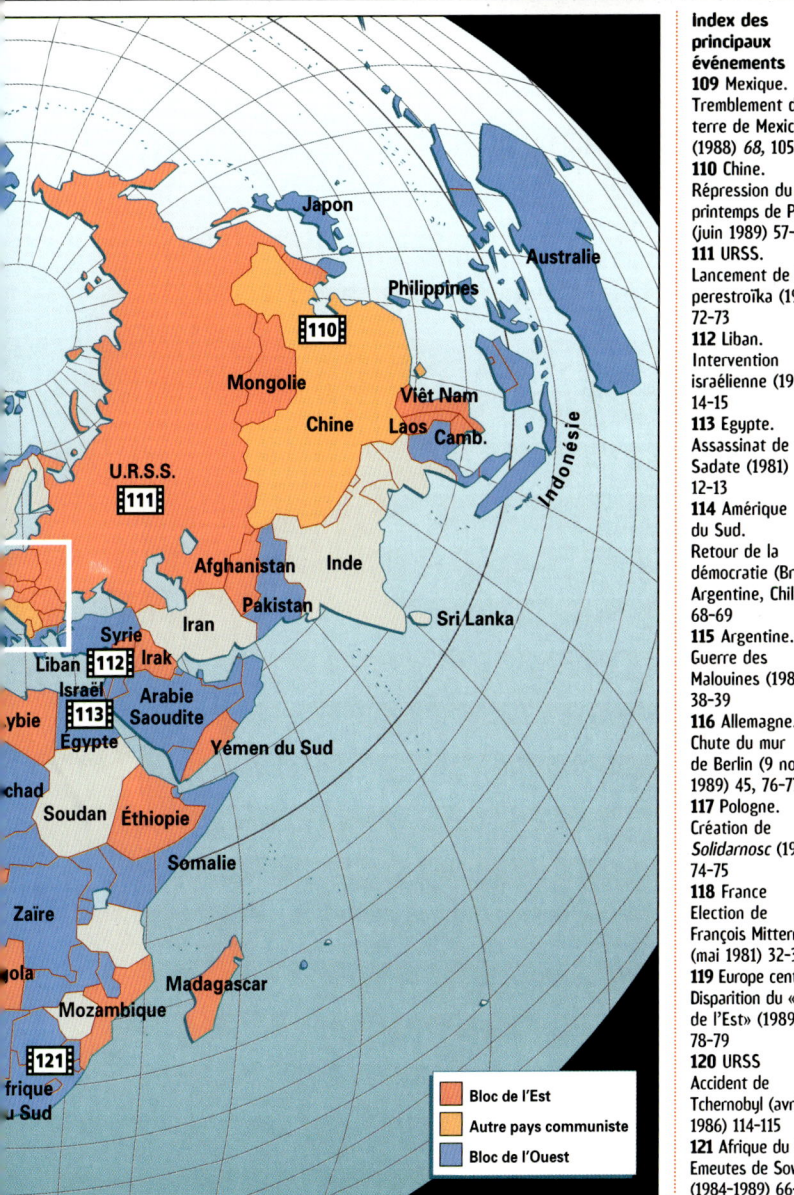

Index des principaux événements

109 Mexique. Tremblement de terre de Mexico (1988) *68*, 105
110 Chine. Répression du printemps de Pékin (juin 1989) 57-59
111 URSS. Lancement de la perestroïka (1985) 72-73
112 Liban. Intervention israélienne (1982) 14-15
113 Egypte. Assassinat de Sadate (1981) 12-13
114 Amérique du Sud. Retour de la démocratie (Brésil, Argentine, Chili) 68-69
115 Argentine. Guerre des Malouines (1982) 38-39
116 Allemagne. Chute du mur de Berlin (9 nov. 1989) 45, 76-77
117 Pologne. Création de *Solidarnosc* (1980) 74-75
118 France Election de François Mitterrand (mai 1981) 32-33
119 Europe centrale Disparition du «bloc de l'Est» (1989) 78-79
120 URSS Accident de Tchernobyl (avril 1986) 114-115
121 Afrique du Sud Emeutes de Soweto (1984-1989) 66-67

LA SCÈNE DU MONDE

8　Le Moyen-Orient déchiré
10　La guerre Iran-Irak
12　L'Egypte, enjeu stratégique
14　«Paix en Galilée», guerre au Liban
16　Intifada

18　Bras-de-fer entre les deux Grands
20　De Hollywood à la Maison Blanche
22　Conservatisme et pragmatisme
24　D'une génération à une autre
26　Un empire qui se fissure
28　La fin de la guerre froide

30　L'Europe dans tous ses états
32　En France, la gauche, 45 ans après
34　La décennie Mitterrand
36　La Grande-Bretagne de la «dame de fer»
38　La guerre des Malouines
40　L'Espagne et les voix du peuple
42　L'Italie d'un nouveau défi
44　Les deux Allemagnes et le continent
46　L'Europe sur les chemins de l'unité
48　Le «sportif de Dieu»

50　Le Troisième Monde tout en contrastes
52　Le triomphe du Japon
54　Nouveaux «dragons» et vieux démons
56　La Chine de la porte ouverte
58　Tianan men
60　Les tragédies de la péninsule indienne
62　Les malheurs de l'Afrique
64　Stabilité du Maghreb?
66　Le crépuscule de l'apartheid
68　Amérique latine, retour vers la démocratie?

70　La fin du monde soviétique
72　La «perestroïka»
74　«Solidarnosc»
76　La chute du Mur
78　Rideau de fer, château de sable

LE MOYEN-ORIENT DÉCHIRÉ

CONFLITS ET TENSIONS
N'EN FINISSENT PAS D'ENSANGLANTER
LES TERRES DU PROCHE
ET DU MOYEN-ORIENT,
CELLES DES PLUS VIEILLES CIVILISATIONS,
PRISONNIÈRES DU POIDS DE LEUR HISTOIRE
ET DE LEURS RICHESSES STRATÉGIQUES
DANS LE TEMPS PRÉSENT.

LA GUERRE IRAN-IRAK

Une guerre à l'ancienne
Deux fois plus importante que celle de l'Irak, l'armée iranienne manque de pièces de rechange et souffre d'une grande dispersion. Toutes deux disposent d'un matériel ancien (un char sans conduite de tir automatique ◄). L'intensité du conflit n'en est pas moins réelle : en 1983, on estime qu'il y a déjà eu entre 170 000 et 500 000 morts ►.

Les ambitions irakiennes
Pour Saddam Hussein ▼, une victoire permettrait à l'Irak de devenir «le nouvel Etat fort du Golfe».

Entre l'Iran et l'Irak, la délimitation de la frontière sur le Chatt al-Arab, à l'extrémité occidentale du golfe Arabo-Persique, a toujours été (sur fond d'hostilité séculaire entre Perses et Arabes) un sujet de friction malgré un accord signé à Alger en 1975. Cinq ans plus tard, se sentant soutenu par l'ensemble des pays de la péninsule arabique inquiets de l'arrivée au pouvoir de l'imam Khomeiny et de la proclamation de la République islamique d'Iran, le président irakien Saddam Hussein rêve d'en découdre avec son voisin qu'il considère affaibli. Le 22 septembre 1980, il entame une offensive qui se veut éclair, occupe la ville iranienne de Khorramchahr et bombarde Abadān.

Mais Saddam Hussein a mésestimé le patriotisme iranien ainsi que la mystique chiite du sacrifice qui mobilisent des dizaines de milliers de jeunes gens prêts au combat jusqu'à la mort. Il a aussi négligé l'importance du soutien actif de la Syrie à l'Iran. Pour le régime syrien de Hafez al-Assad, une victoire du frère ennemi de Bagdad, porteur comme lui de l'idéologie du parti *Baas*, ne saurait être envisagée. Ainsi, en avril 1982, lorsque l'armée irakienne doit se retirer des territoires conquis en 1980 face à une puissante contre-offensive iranienne lancée quelques mois auparavant, le gouvernement syrien ferme l'oléoduc qui conduit à travers son territoire le pétrole irakien vers la Méditerranée, privant ainsi Bagdad de ressources financières essentielles à son effort de guerre. De plus, les Etats-Unis et Israël, quelle que soit leur hostilité au régime de Khomeiny, se méfient encore plus de celui de Saddam Hussein et contribuent, dans le plus grand secret, à fournir en pièces détachées l'armée iranienne, presque entièrement équipée en matériel américain. Le gouvernement de Tel-Aviv fait par ailleurs détruire par son aviation, en juin 1981, le réacteur nucléaire d'Osirak près de Tamuz.

Le conflit se transforme bientôt en guerre de position où combattent dans des conditions épouvantables (comme dans les marais de Howeiza en mars 1985) deux armées de plus en plus épuisées dont les victimes se comptent par centaines de milliers. Offensives et contre-offensives se succèdent, les villes (y compris Bagdad et Téhéran) sont bombardées, des gaz de combat utilisés (ainsi par les Irakiens à partir de 1984 contre les troupes adverses mais également contre les populations kurdes à la frontière iranienne). Ce n'est qu'après huit ans de guerre que s'ouvrent à Genève, fin août 1988, des pourparlers de paix entre les deux belligérants. L'année suivante, le 3 juin 1989, meurt l'imam Khomeiny, qui avait fondé son gouvernement théocratique de plus en plus répressif sur les nécessités de la lutte contre l'Irak.

La mort de Khomeiny
Le 3 juin 1989, l'ayatollah Khomeiny ▶ meurt en ayant gardé jusqu'au bout le soutien de ses partisans. Quelques semaines plus tôt, il avait lancé une *fatwa*, valant sentence de mort, à l'adresse de l'écrivain britannique Salman Rushdie.

Un peuple en deuil
Les Iraniens qui pleurent Khomeiny ▲ ont enduré le rationnement alimentaire et payé le lourd tribut d'une guerre qui équivalait chaque année au tiers du budget de l'Etat.

L'ÉGYPTE, ENJEU STRATÉGIQUE

La visite du président égyptien Anouar al-Sadate à Jérusalem puis la signature des accords de Camp David en mars 1979 sont considérées par les milieux nationalistes arabes comme une trahison, d'autant plus violemment ressentie qu'elle émane du plus proche compagnon de Nasser et son héritier désigné. En Egypte même, nombreux sont ceux qui fomentent des projets pour le renverser.

Vengeance
Après l'attentat (▶ les soldats tirant sur la tribune) qui coûte la vie

Le 6 octobre 1981, lors d'un défilé militaire au Caire, trois soldats sautent d'une Jeep et mitraillent la tribune officielle. Le président égyptien meurt quelques heures plus tard de ses blessures. Si l'émotion est considérable dans le monde occidental, la nouvelle est accueillie avec indifférence ou satisfaction par tous ceux qui font alors de la lutte contre Israël et ses alliés américains ou européens le premier des devoirs. Ainsi, les obsèques du président disparu ne suscitent pas de manifestations d'émotion populaire comparables à celles des funérailles de Nasser en 1970.

à Anouar al-Sadate ▲, une vague massive d'arrestations d'islamistes ▲ est déclenchée.

Le Sinaï libéré
Si elle récupère le Sinaï (l'évacuation des troupes israéliennes en février 1982 ◄) et normalise ses relations avec Israël, l'Egypte, à la suite de la signature des accords de Camp David, s'est vue en même temps exclue de la Ligue arabe dont le siège a été transféré du Caire à Tunis.

La disparition d'Anouar al-Sadate et sa succession, assurée par Hosni Moubarak, ne mettent cependant pas en cause l'ancrage désormais solide de l'alliance avec les Etats-Unis, qui accordent prêts et aide militaire. Mais pour consolider le régime, les Américains doivent aussi obtenir des concessions de la part des Israéliens : le 26 février 1982, ceux-ci achèvent de se retirer du Sinaï occupé depuis la guerre des Six Jours de 1967. Ce qui permet à l'Egypte de montrer aux autres puissances arabes que la négociation peut devenir un moyen efficace, puisque la diplomatie a réussi à récupérer des terres conquises par Israël.

Pendant plusieurs années pourtant, l'Egypte reste isolée, et c'est Yasser Arafat lui-même qui met fin à cet ostracisme. Quittant par bateau Tripoli après la tragédie libanaise en décembre 1983 pour rejoindre Hodeïda, au Yémen-du-Nord, il fait escale à Ismaïlia, sur le canal de Suez, et est reçu en grande pompe par le président Moubarak. L'Egypte, qui sur le plan démographique pèse autant que le reste du Proche-Orient et sans laquelle la nation arabe n'existe pas, vient de rompre son isolement...

Victoire diplomatique
Après des années d'ostracisme, l'Egypte parvient à être réintégrée au sein de la Ligue arabe, le 23 mai 1989, sans que le président Moubarak (ici aux côtés du roi Hussein de Jordanie ▲) n'ait à renier les accords de Camp David.

«PAIX EN GALILÉE», GUERRE AU LIBAN

Dans la situation de guerre civile du Liban, qui dure depuis 1975, chacune des puissances du Moyen-Orient joue son propre jeu en soutenant et en armant tel ou tel camp, tel ou tel groupe : Israël aide les milices chrétiennes de Beyrouth-Est, l'Iran celles, chiites, de Baalbek, de Beyrouth-Ouest et du sud du pays, la Syrie est présente dans le Nord et la plaine de la Bekaa. Lasse d'affrontements qui ont fait des dizaines de milliers de morts, de blessés, de réfugiés, de disparus, l'opinion publique libanaise souhaite en finir.

D'un frère l'autre
L'élection, le 21 septembre 1982, d'Amin Gemayel ▲, frère de Béchir, apparaît comme un espoir après le traumatisme des bombardements ▼ de Beyrouth et les massacres de Sabra et Chatila (▼ en bas).

Israël précipite le dénouement en envahissant le sud du pays en juin 1982. Afin d'éradiquer tout incident, attentat ou embuscade sur sa frontière septentrionale, l'Etat hébreu lance une offensive qui prend le nom de code de «Paix en Galilée». *Tsahal* remonte vers Beyrouth, élimine toute résistance à Tyr et Saïda puis met le siège devant les quartiers de la capitale libanaise encore défendus par l'Organisation de libération de la Palestine et ses alliés qui résistent sous les bombardements. Face à cette situation, les Nations unies proposent un plan de paix prévoyant le départ des combattants palestiniens de Beyrouth (effectif le 3 septembre) et l'élection d'un nouveau gouvernement libanais, prélude au retrait des troupes israéliennes.

Béchir Gemayel, leader maronite, chef des Phalanges chrétiennes, est ainsi élu, mais ses prises de position pour un Liban unifié, débarrassé de toute présence étrangère, lui attirent l'inimitié de ses puissants voisins. Il meurt, le 14 septembre, dans l'explosion d'un immeuble abritant une permanence de son mouvement. Invoquant le prétexte de cet assassinat, l'armée israélienne prend le contrôle total de Beyrouth et laisse se dérouler, du 15 au 17, des

Défi à l'Occident
Le 23 octobre 1983, un double attentat frappe la force multinationale d'interposition, tuant 241 soldats américains ◄ et 58 français. Cependant, le 27, Italiens, Français, Américains et Britanniques annoncent leur maintien sur place.

massacres dans les camps palestiniens de Sabra et Chatila où des milices chrétiennes se livrent à un carnage : 3 000 victimes parmi les 20 000 habitants des camps. A la fin du mois, pour prévenir de nouvelles exactions, une force multinationale d'interposition composée de contingents américain, italien et français prend position à Beyrouth. Leur présence est jugée inacceptable par les militants du Djihad islamique qui font sauter, le 23 octobre 1983, le quartier général des marines et le siège d'une compagnie française de parachutistes. En mars 1984, les soldats occidentaux quittent Beyrouth; Israël se retire l'année suivante mais continue d'occuper une «zone de sécurité» dans l'extrême sud du pays.

Mais le Liban n'en finit pas de se déchirer. Après les combats fratricides de Tripoli en novembre 1983 qui s'achèvent par un ultime exode des combattants palestiniens, la lutte armée entre factions se déclenche de nouveau, scandée d'enlèvements de journalistes ou d'émissaires européens, de grèves, d'attentats, d'assassinats (ainsi celui du Premier ministre Rachid Karamé le 1er juin 1987) et d'affrontements, parfois entre partisans d'un même camp.

Un pays traumatisé
Un bilan établi en 1987 fait état de 125 000 morts et 150 000 blessés depuis le début des combats en avril 1975 (en haut, des phalangistes ▲) et Beyrouth a vu s'accumuler ruines et destructions ▲.

INTIFADA

Jamais la cause palestinienne n'a semblé aussi désespérée que durant les années 1980. Chassés du Liban, déchirés entre factions rivales, leurs dirigeants menacés par des opérations militaires israéliennes (bombardement du siège de l'OLP à Tunis le 1er octobre 1985, assassinat d'Abou Jihad, numéro 2 de l'OLP, toujours à Tunis, le 16 avril 1988), déconsidérés en Occident pour leurs attentats et détournements d'avions, les Palestiniens semblent avoir perdu sur tous les fronts. Reste l'action diplomatique, dans le droit fil du discours de Yasser Arafat ▶ à la tribune de l'ONU en 1974. S'appuyant sur des sympathies nouées auprès de certains dirigeants européens, sur la volonté de paix d'une partie de l'opinion israélienne (choquée par les massacres de Sabra et Chatila), sur le souhait américain de voir une paix solide s'installer au Proche-Orient, des contacts se tissent, des réseaux s'organisent,

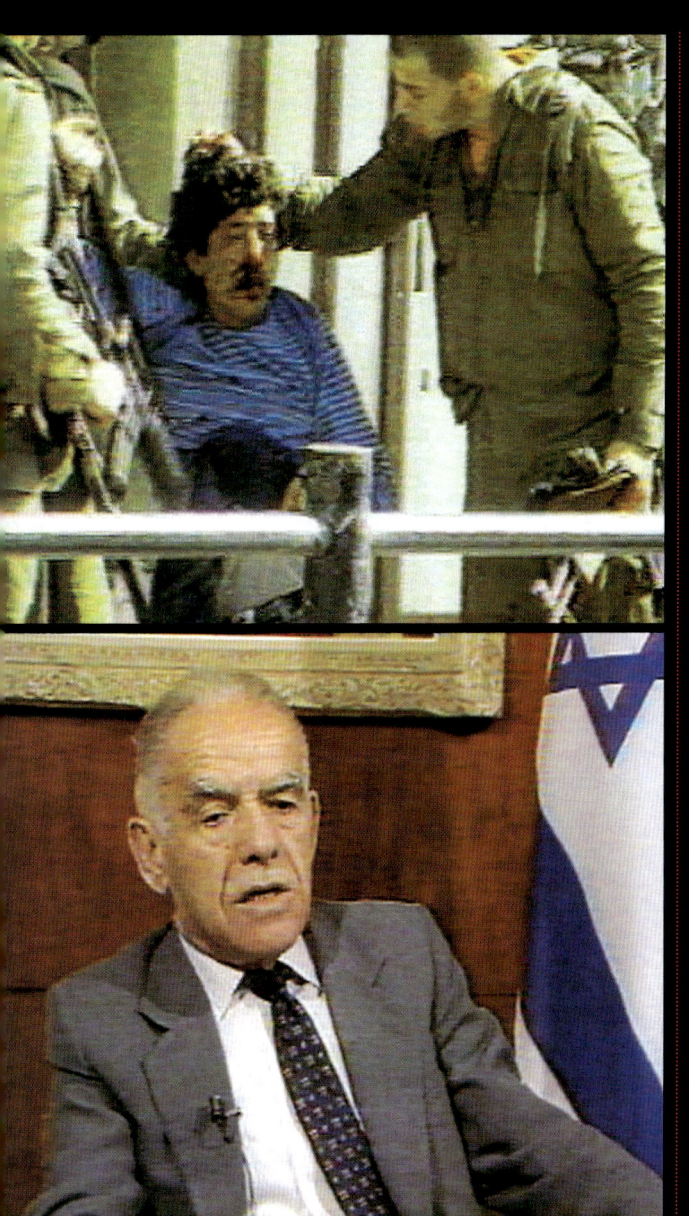

facilitant le dialogue entre les adversaires. Mais, parmi les Palestiniens des territoires occupés de Gaza et de Cisjordanie, un nouvel état d'esprit s'amorce : de nombreux jeunes ne supportent plus les insultes aux postes de contrôle israéliens, les confiscations de biens ou de terres, les implantations de colonies juives de plus en plus nombreuses, (poursuivies par le Premier ministre Yitzhak Shamir ▶) les arrestations... A partir de décembre 1987, à la suite d'un incident dans la bande de Gaza, des jeunes qui n'ont connu comme seul univers que celui de l'occupant s'insurgent à coups de pierres ▼. C'est l'*Intifada*, du mot arabe «tremblement» ou «bouleversement». La répression est violente (en 1988, 300 morts, 20 000 arrestations), accompagnée de mauvais traitements ▶ et de tortures qui ne font qu'augmenter la colère et donner à l'islamisme radical de certains groupes une audience qu'il n'a jusqu'alors jamais eue.

BRAS-DE-FER ENTRE LES DEUX GRANDS

Après quatre décennies
de guerre froide,
les deux superpuissances
se jaugent une dernière fois.
Mais si les États-Unis renouent
avec leur destin mondial,
l'Union soviétique prend le chemin
d'un irrémédiable déclin.

DE HOLLYWOOD À LA MAISON BLANCHE

À la veille de l'élection présidentielle de 1980, les Etats-Unis apparaissent comme une nation doutant de ses valeurs, de sa puissance et de son destin. L'entrée des troupes soviétiques en Afghanistan a semblé mettre fin aux efforts de la politique de détente, la prise en otages des diplomates de l'ambassade américaine de Téhéran par des militants islamistes est ressentie comme une humiliation et la plaie de la défaite au Viêtnam n'est toujours pas refermée. Sur le plan intérieur, la poursuite de l'inflation, la concurrence japonaise, le déficit budgétaire et la faiblesse du dollar soulignent la mauvaise santé d'une économie menacée dans sa prééminence. Et dans le domaine des mœurs et des comportements, nombreux sont les Américains qui n'approuvent pas des revendications touchant au droit à l'avortement, à l'homosexualité ou qui contestent les aides aux plus démunis et la législation favorisant l'intégration des minorités noires (telle la loi du *busing* qui, par le ramassage scolaire dans des quartiers différents, tend à mêler dans les mêmes écoles enfants noirs et blancs). Face à ces doutes d'une partie des citoyens, le républicain Ronald Reagan présente sa candidature comme celle du renouveau du pays, accusant le président sortant, Jimmy Carter, qui se représente au nom des démocrates, d'incompétence, de laxisme et de complaisance vis-à-vis de l'Union soviétique.

Né en 1911, ancien acteur de films de série B à Hollywood puis homme de télévision, ancien partisan de Franklin Roosevelt devenu républicain, il n'a pour lui ni la jeunesse ni un itinéraire d'homme politique classique, mais élu en 1967 gouverneur de Californie puis régulièrement réélu à ce poste, il se voit reconnaître une incontestable habileté faite de pragmatisme au service d'un programme conservateur, voire populiste. D'un anticommunisme farouche, il fait montre, durant sa campagne et devant des auditoires enthousiastes, d'un discours rappelant Eisenhower, les années 1950 et les certitudes des affrontements de guerre froide.

Une certaine idée de l'Amérique
L'arrivée au pouvoir de Ronald Reagan (▶ aux côtés de sa femme Nancy) coïncide avec la libération des otages américains en Iran, le 20 janvier 1981, après 444 jours de détention. La désastreuse opération militaire qui devait les libérer, lancée en avril 1980, a contribué à la défaite de Jimmy Carter.

Le libéralisme au pouvoir
Comme Margaret Thatcher ▲ en Grande-Bretagne, Ronald Reagan baisse les impôts et les aides sociales tout en atténuant le rôle de l'Etat dans l'économie.

En novembre 1980, il est élu avec 50,7 % des suffrages exprimés, contre 41 % à Jimmy Carter, d'autres candidats se partagent le solde (dont John Anderson avec 6,6 %). Pour le président sortant, la défaite est humiliante. En quatre ans de mandat, de 1976 à 1980, il a perdu plus de cinq millions de voix et, mis à part l'électorat noir toujours fidèle au parti démocrate, la désaffection à son égard est générale. Au contraire, avec son image d'homme énergique, Ronald Reagan est considéré comme apte à redynamiser l'économie et à s'opposer, partout dans le monde, aux ennemis de l'Amérique.

Feu sur le président
Le 30 mars 1981, à Washington, un déséquilibré, John Hinckley, ancien d'un groupe néo-nazi, tire sur Ronald Reagan ▼, qui est atteint ▲ au poumon gauche. Opéré d'urgence, il est mis hors de danger.

CONSERVATISME ET PRAGMATISME

Dès son installation à la Maison Blanche en janvier 1981, Ronald Reagan met son programme économique en application. Ayant promis une réduction des impôts, il la réalise au détriment de programmes fédéraux considérés comme inutiles ou inefficaces (crédits d'aides à l'étranger, prêts à la rénovation des métropoles urbaines, indemnités de chômage, subventions diverses), mais il ne touche ni aux dépenses militaires, en augmentation, ni aux aides aux plus défavorisés et aux personnes âgées. Poussant à la déréglementation d'une économie qu'il considère encore corsetée par des lois lointainement héritées du *New Deal*, il prône un libéralisme qui bénéficie d'une conjoncture internationale favorable.

Après une poursuite de la récession en 1982, le produit national brut s'améliore, passant d'une augmentation de 3,5 % en 1983 à 6,1 % en 1984. Pour la même période, l'indice des prix à la consommation évolue de 10,4 % à 4,2 %. Et, signe qui flatte le plus l'orgueil du pays, le dollar retrouve une place prééminente sur le marché des changes, ce qui facilite l'importation de produits étrangers, encourage à leur consommation mais nuit aux exportations. Le taux de chômage (avec un pic à 9,5 % de la population active en 1982 et 1983) se stabilise à 7,5 %. Les revenus après impôts des ménages augmentent, surtout dans la partie déjà la plus fortunée des classes moyennes car, en fait, les inégalités sociales se sont accrues. Environ 13 % des Américains vivent en dessous du seuil de pauvreté (fixé au début de la décennie à 8 414 dollars par an pour une famille de quatre enfants) et la misère reste grande dans les ghettos noirs des grandes villes et certaines régions des Appalaches et du Middle West. Les Etats les plus dynamiques, au contraire – tels la Californie, le Texas, la Floride, le Colorado –, attirent dans leurs entreprises (dont celles de haute technologie) les cadres et les techniciens des métropoles du Nord-Est et des Grands Lacs à la recherche

Une société postindustrielle
La disparition des industries anciennes (▶ une usine sidérurgique) entraîne un dépeuplement des régions du Nord-Est, appelé *Rust Belt* («ceinture de rouille») au profit des régions du Sud et de l'Ouest dont la population augmente de 20 à 25 % durant la décennie.

Nouvelle pauvreté
Avec la récession de 1982 (recul de 2,2 % du PIB), les demandes d'aide alimentaire augmentent à La Nouvelle-Orléans de 222 % de 1981 à 1982.

«Lundi noir» à Wall Street

Le lundi 19 octobre 1987, la Bourse de Wall Street plonge de 22,6 % (un trader pris par un malaise ce jour-là ◄). Le krach se répercute sur les principales places boursières du monde. Tōkyō perd 14,9 %, Londres 10,1 % et Paris 9,3 %

La décennie des républicains

Succédant à Ronald Reagan, George Bush (▼ en haut, avec Dan Quayle) est élu avec 54 % des suffrages face au démocrate Michael Dukakis (▼ en bas, avec Jesse Jackson et Al Gore à sa droite).

d'une meilleure qualité de vie, et voient s'installer les retraités et les touristes en quête de soleil.

Donnant l'image d'une totale réussite dans le domaine économique, Ronald Reagan enregistre aussi des succès dans sa politique internationale. Mettant en avant la fierté nationale, il prône un programme de satellisation d'armes nucléaires, bientôt connu sous le nom de «guerre des étoiles», convainc ses alliés occidentaux d'installer des fusées Pershing en Europe face aux SS 20 soviétiques, affirme – alors qu'il se sait soutenu sur ce point – un anticastrisme intransigeant, intervient à Grenade en 1983 et soutient les «contras» au Nicaragua. Rien d'étonnant dès lors qu'il soit triomphalement réélu en 1984 avec 59 % des suffrages exprimés. Un deuxième mandat où continue de s'exprimer la relative bonne santé de l'économie américaine et où s'amorce la défaite de l'Union soviétique dans sa compétition avec les Etats-Unis. Logiquement, c'est son vice-président, George Bush, qui lui succède en 1988.

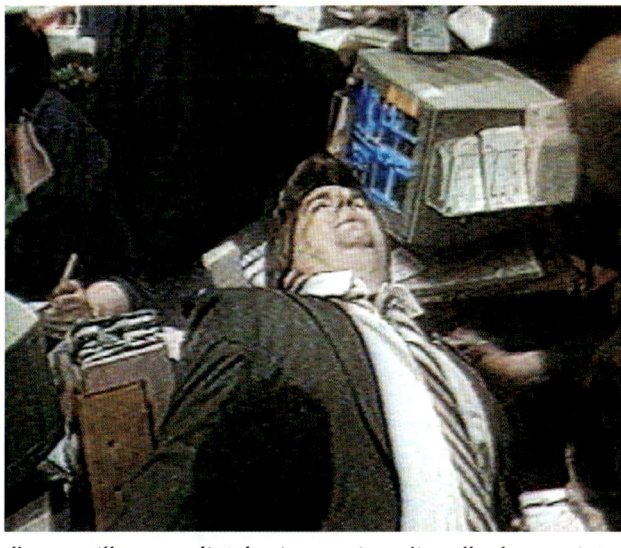

D'UNE GÉNÉRATION À L'AUTRE

Lorsqu'il meurt le 10 novembre 1982, à l'âge de 75 ans, Leonid Brejnev (ses obsèques ▶) symbolise un régime de gérontes (la moyenne d'âge du *Politburo* est de 71 ans) porteurs de la mémoire du régime mais pas toujours à même de bien juger des évolutions internationales en cours. Lui succède comme secrétaire général Iouri Andropov ◀. Cet ancien directeur du KGB connaît bien l'état réel d'une opinion publique révélée en 1983 par une enquête publiée sous le nom de «rapport de Novossibirsk» dans laquelle sont critiqués la planification centralisée, le désenchantement d'une classe ouvrière repliée sur les difficultés de la vie quotidienne ainsi que l'incompétence de dirigeants souvent corrompus. Les remèdes proposés sont la décentralisation, les incitations matérielles et la stimulation des initiatives individuelles. Mais, face à cette profonde crise du système, Iouri Andropov

ne fait preuve que d'un réformisme prudent tout en limogeant quelques centaines de cadres servant de victimes expiatoires face à la critique de plus en plus vive d'une opinion lasse d'une *nomenklatura* arrogante et parasitaire. Rassemblant autour de lui des intellectuels, des économistes, des universitaires, poussant sur le devant de la scène des fonctionnaires intègres et compétents, Iouri Andropov met en chantier plusieurs mesures avant de tomber gravement malade (à partir de l'été 1983, il n'apparaît plus en public) et de mourir en février 1984. Pour lui succéder, le parti communiste désigne Konstantin Tchernenko, qui reste au pouvoir à peine un an, poursuivant la politique de son prédécesseur, avant de mourir le 10 mars 1985 ▼. Comme pour conjurer le sort, c'est un homme de 54 ans, Mikhaïl Gorbatchev ◄, qui hérite du pouvoir...

UN EMPIRE QUI SE FISSURE

L'intervention en Afghanistan, entre autres causes, dénotait le refus de voir un régime islamiste et pro-occidental prendre le pouvoir à Kaboul et risquer ainsi de déstabiliser les républiques soviétiques d'Asie centrale. La plus grande crainte de Moscou touche à l'agitation dans l'immense Union des Républiques qui, de l'Ukraine au Pacifique et de la Baltique à la mer Noire, assure son statut de deuxième puissance du monde. La contestation la plus combattue est celle qui relève de revendications nationales. Le régime peut s'accommoder de l'octroi de quelques libertés économiques, desserrer quelques liens dans le domaine culturel mais reste intransigeant face à tout ce qui pourrait menacer la cohésion de l'empire créé par les tsars et conforté, sur d'autres

Le Viêtnam soviétique
Faute de pouvoir venir à bout de l'opiniâtre résistance des combattants afghans ▶, l'Armée rouge s'enlise. Après plus de huit ans d'un conflit qui aurait fait près de 500 000 morts du côté afghan (pour 19 millions d'habitants) et entre 10 000 et 50 000 morts dans les rangs soviétiques, les accords de Genève signés le 14 avril 1988 entérinent le retrait soviétique ▼.

bases, par Lénine et Staline. Ce dernier avait appliqué vis-à-vis des nationalités une politique bureaucratique, brutale et répressive, mais les sentiments de cohésion nationale, linguistique, religieuse, voire ethnique sont restés très présents dans l'empire. Les pays baltes, l'Ukraine, la Géorgie, l'Arménie, la Biélorussie, le Kazakhstan, l'Azerbaïdjan, même agrégés à l'Union soviétique depuis des décennies, gardent la mémoire des répressions et la nostalgie d'une histoire plus ou moins mythifiée mais vivifiée par le folklore (autorisé), les pratiques religieuses (tolérées) et la sauvegarde d'un patrimoine (encouragée).

Le nouveau responsable, Mikhaïl Gorbatchev, connaît peu les républiques périphériques, n'y a jamais eu de fonctions (au contraire du Géorgien Staline et de l'Ukrainien Khrouchtchev) et en saisit mal les particularités. Les hommes neufs dont il s'entoure sont uniquement originaires de Russie – c'est la première fois depuis la révolution –, et il déclenche ainsi, en décembre 1986, de graves troubles à Alma-Ata, au Kazakhstan, en nommant un Russe à la tête du parti communiste kazakh et non un haut cadre local. En 1988, c'est l'Azerbaïdjan qui s'enflamme à propos de la minorité arménienne du Haut-Karabagh, laissant Moscou incapable de prendre position entre Arméniens et Azéris. L'année suivante, c'est en Géorgie, à Tbilissi, que des troubles éclatent avant que ne reprennent les violences en Asie centrale et que les nationalismes ne s'expriment, à l'autre extrémité de l'empire, d'abord en Lituanie puis dans les autres pays baltes.

Prémices d'un éclatement
En Arménie, grèves et manifestations ▼ se succèdent depuis février 1988 pour réclamer le rattachement du Haut-Karabagh à l'Arménie. Les pays baltes (en haut les Estoniens ▲) dénoncent leur annexion par l'URSS après le pacte germano-soviétique d'août 1939.

Exploit aérien
Au nez et à la barbe des défenses aériennes, le jeune Allemand Matthias Rust fait atterrir le 28 mai 1987 son avion Cessna ▲ sur la place Rouge.

LA FIN DE LA GUERRE FROIDE

Dès l'annonce de l'entrée des troupes soviétiques en Afghanistan en décembre 1979, les Etats-Unis de Jimmy Carter avaient réagi par plusieurs mesures d'embargo et annoncé le boycott des jeux Olympiques de Moscou de l'été 1980 (geste auquel les Soviétiques répondront en ne participant pas à ceux de Los Angeles en 1984). Moins symboliquement, et grâce à l'appui des Pakistanais, ils mettent en place une aide militaire aux combattants afghans, essentiellement islamiques, qui luttent contre la présence soviétique. Une longue guérilla commence, que ne peut contenir une Armée rouge qui s'enlise dans un conflit dont l'importance ne se fait jour en URSS qu'au retour des blessés et des cercueils.

Sur tous les autres fronts opposant les deux Grands, les Etats-Unis s'impliquent de plus en plus fermement. En Amérique latine, ils poursuivent le blocus de Cuba, interviennent militairement dans l'île de Grenade en 1983 mais se préoccupent peu des manquements aux droits de l'homme et à la démocratie en Argentine et au Chili. En Afrique, ils veillent à ce qu'aucune crise nouvelle ne vienne déstabiliser le continent et veulent contenir les ambitions de l'URSS, dont la présence, en arrière-plan des Cubains, est forte en Ethiopie (17 000 combattants cubains) et en Angola (face à des effectifs cubains atteignant 50 000 hommes en 1987, l'Unita, soutenue par l'Afrique du Sud, subit à Cuito-Cuanavale, au centre du pays, une défaite qui lui barre la route de Luanda). En Europe, ils renforcent les défenses de l'OTAN par l'installation de fusées Pershing, prévue par l'administration Carter et réalisée par Ronald Reagan. Ce dernier, soucieux du réarmement soviétique des années Brejnev, veut rétablir la suprématie militaire des Etats-Unis et lance dès 1982 un nouveau programme d'«initiative de défense stratégique» surnommé «guerre des étoiles», qui vise à protéger les Etats-Unis par un bouclier de missiles

Derniers conflits périphériques
Entre le 25 octobre et le 18 décembre 1983, 2 000 soldats américains ▲ interviennent à la Grenade, craignant que l'île ne devienne une base cubaine.

Cessez-le-feu en Angola
Un accord signé le 22 décembre 1988 prévoit le retrait échelonné sur deux ans des 50 000 soldats cubains, tout comme celui des troupes sud-africaines ▼.

antimissiles capable d'arrêter le potentiel offensif soviétique estimé à 10 000 ogives nucléaires.

L'incapacité financière et économique de l'URSS à soutenir cette nouvelle escalade contraint Mikhaïl Gorbatchev à désamorcer tout sujet de tension avec le monde occidental (retrait d'Afghanistan à partir de mai 1988, réduction de 500 000 hommes et 10 000 chars des forces présentes en Europe). Ce qui amène un officiel soviétique à déclarer à ses interlocuteurs américains lors de la visite de Ronald Reagan à Moscou le 29 mai 1988 : «Nous sommes en train de vous faire quelque chose de terrible : nous sommes en train de vous priver d'ennemi.»

L'écart se creuse
Les coûts et la technologie des armes américaines (le bombardier B1 ▼ et le missile nucléaire MX ▲) assurant leur supériorité sur l'URSS.

Les débuts du désarmement
Signé par Ronald Reagan et Mikhaïl Gorbatchev ◄ le 8 décembre 1987, le traité de Washington qui prévoit d'éliminer les missiles Pershing II et SS 20 met un terme à la crise des «euromissiles» qui ont suscité la colère des mouvements pacifistes (ici en 1983 ▲).

LA DÉCENNIE DU RETOUR DE L'HISTOIRE.
EN FRANCE, LA GAUCHE
REVIENT AU POUVOIR,
LA GRANDE-BRETAGNE RETROUVE
SES RÉFLEXES D'EMPIRE MARITIME,
L'ESPAGNE EST CONFRONTÉE
AU TERRORISME, L'ITALIE SEMBLE
MENACÉE DANS SON INTÉGRITÉ
ET L'ALLEMAGNE RÊVE DE SON UNITÉ.
MALGRÉ TOUT, L'EUROPE SE CONSTRUIT,
ET L'ANTIQUE POUVOIR DE LA PAPAUTÉ
TENTE DE SE FAIRE ÉCOUTER,
PARTOUT DANS LE MONDE.

EN FRANCE, LA GAUCHE, 45 ANS APRÈS

Au soir de l'élection présidentielle du 10 mai 1981, François Mitterrand l'emporte avec 51,75 % des voix contre Valéry Giscard d'Estaing (les deux hommes lors de la passation de pouvoir ▶). Comparant avec le Front populaire de 1936, certains s'interrogent sur la capacité d'une gauche plus ou moins unie à gouverner le pays après avoir été exclue du pouvoir suprême pendant près d'un demi-siècle. C'est oublier que les socialistes (PS), les radicaux de gauche (MRG) et les communistes (PC) possèdent une longue culture de mandats locaux, sont bien enracinés dans le Nord (pour le PS) dans le Sud-Ouest (pour le PS et le MRG) et dans la banlieue parisienne (pour le PC); la gauche a approché la majorité aux législatives de 1967, François Mitterrand a mis le général de Gaulle en ballottage en 1965 et n'a échoué face à Valéry Giscard d'Estaing en 1974 que de moins de 1 % des voix. La victoire se fait triomphe aux législatives de juin

1981 : 269 députés PS, 44 PC, formant avec les radicaux et les divers gauche une majorité écrasante. Ayant séduit, au-delà de son électorat traditionnel, une partie de la nouvelle classe moyenne et des régions de tradition conservatrice et même catholique (ainsi en Bretagne), la gauche a aussi rallié les votes des jeunes et des femmes. Après s'être illustré par des gestes symboliques (tel le dépôt au Panthéon d'une rose rouge sur les tombeaux de Jaurès, Moulin et Schoelcher), François Mitterrand, avec Pierre Mauroy comme Premier ministre (◀ les deux hommes remontant les Champs-Élysées), fait voter un ensemble de lois sociales inscrites dans le programme de campagne : nationalisations, 5e semaine de congés payés, augmentation du SMIG de 10 %, semaine de travail de 39 heures, autorisation administrative de licenciement, impôt sur la fortune.

LA DÉCENNIE MITTERRAND

La «cohabitation» à l'épreuve
En point culminant de la vague d'attentats que doit affronter le gouvernement de Jacques Chirac ▼, la bombe qui explose le 17 septembre 1986 devant le magasin Tati, rue de Rennes à Paris ◄, fait 7 morts et 39 blessés.

Le retour de l'extrême droite
Aux législatives à la proportionnelle de mars 1986, le FN de Jean-Marie Le Pen ▲, ayant exploité avec démagogie les thèmes de l'immigration et de l'insécurité, réussit à faire élire 35 députés.

Même si elle ne remet pas en cause l'économie de marché et ne procède à aucune rupture dans la politique internationale de la France, la gauche, en arrivant au pouvoir, entend marquer sa différence par une politique sociale généreuse et une relance économique de type keynésien à rebours du libéralisme en vogue. En comparaison des autres pays industrialisés plongés dans la récession (– 2 % pour les Etats-Unis en 1982), la France, avec 2 % de croissance la même année, tire son épingle du jeu. Mais le prix est lourd à payer : en 1983, le déficit commercial atteint 85 milliards de francs et la faiblesse du franc, qui subit deux dévaluations, entraîne un renchérissement des importations et un grave déficit de la balance des paiements. Le chômage quant à lui dépasse, fin 1982, la barre des 2 millions.

Imbriquée dans l'économie mondiale, la France ne peut plus continuer à faire cavalier seul et doit se résoudre à mener une politique de rigueur. La maîtrise des dépenses publiques et de l'inflation devient la priorité. En outre, Laurent Fabius, qui succède le 17 juillet 1984 à Pierre Mauroy, se voit obligé de procéder à la restructuration des industries anciennes (sidérurgie, charbonnage), ce qui entraîne de nombreux licenciements. Les espoirs déçus et les maladresses (ainsi en relançant en 1984 la querelle, toujours brûlante en France, de l'école privée) provoquent la désaffection des Français qui, aux élections municipales de 1983 et européennes de 1984, sanctionnent sévèrement le pouvoir en place, alors que réapparaît à cette occasion l'extrême droite sous la bannière du Front national qui réalise 10,95 % des suffrages exprimés. Malgré d'incontestables succès, en particulier la maîtrise de l'inflation (qui passe de 13 % en 1981 à 4 % en 1986), les élections législatives de 1986 amènent à l'Assemblée nationale une majorité de droite dont le leader, Jacques Chirac, devient chef de gouvernement pour une «cohabitation» inédite dans les annales de la Ve République.

Se réservant un droit de regard sur les initiatives du nouveau gouvernement et préservant un «domaine réservé» en matière de politique internationale, François Mitterrand tire parti des déboires du gouvernement Chirac et retrouve sa popularité. Grâce à une campagne habile, à la désunion de ses adversaires et à l'enracinement du Front national, il est réélu à l'élection présidentielle de 1988 avec 54,05 % des suffrages. Commence alors un second septennat qui débute sous les auspices d'un réformisme social-démocrate mené par un nouveau Premier ministre, Michel Rocard.

Guerre scolaire
Le 24 juin 1984, 1 million de partisans de l'école privée ▼ manifestent contre le projet visant à unifier l'éducation nationale en un «grand service public». Obligé de retirer le projet, le Premier ministre Pierre Mauroy ◄ démissionne le 17 juillet.

Crise du syndicalisme
Les conflits sociaux (les médecins en 1982 ▲, les cheminots en 1986, les infirmières en 1988...) surgissent de plus en plus sous l'impulsion de «coordinations» se substituant parfois aux syndicats traditionnels.

LA GRANDE-BRETAGNE DE LA «DAME DE FER»

Les années 1980 voient le règne de deux femmes : la reine, dans un rôle de représentation avec Ronald Reagan ▶ et Deng Xiaoping ▼) et le Premier ministre dans le rôle de la «dame de fer». Première femme chef de gouvernement en Grande-Bretagne (depuis la victoire des conservateurs aux élections de 1979), Margaret Thatcher incarne un courant hostile au pouvoir des syndicats, adepte d'une économie déréglementée, méfiant vis-à-vis de l'Europe et attaché au Commonwealth et à l'Alliance atlantique. Sans jamais céder sur ses convictions, inflexible dans ses décisions, intraitable dans les discussions, la «dame de fer» prend le risque de paraître inhumaine, ainsi lorsque, refusant d'accorder aux prisonniers de l'IRA de meilleures conditions de détention, elle laisse se dérouler la grève de la faim de dix d'entre eux jusqu'à leur mort au printemps 1981. En mai 1982, lorsqu'elle est confrontée à la mainmise argentine sur les Falkland

sa riposte est immédiate. Face aux problèmes internes, elle apparaît tout aussi déterminée. En rupture totale avec l'Etat-providence, elle réduit les programmes sociaux, redonne au secteur privé des pans entiers du secteur nationalisé (télécommunications, transports, eau, gaz, électricité) et supprime les aides aux entreprises déficitaires. Elle accélère ainsi la crise dans les vieilles régions industrielles du pays, les zones minières et les chantiers navals. Manifestations et grèves (celle des mineurs dure un an, de mars 1984 à mai 1985) n'entament en rien sa volonté d'asseoir l'économie anglaise sur de nouvelles bases quel qu'en soit le coût humain et social. Aux élections suivantes (1983 et 1987), les électeurs lui savent cependant gré de sa politique extérieure, de la croissance de la production, d'une forte réduction du chômage et du renouveau de Londres comme place financière mondiale.

LA GUERRE DES MALOUINES

Ultime service
Près d'être vendu à l'Australie, le porte-avions *Invincible* ◄ a failli ne plus faire partie de la Royal Navy au moment de l'engagement des combats. Sans lui, la Grande-Bretagne n'aurait pas été en mesure de mener cette expédition navale.

Une arme redoutable
La Royal Navy a subi la perte de cinq bâtiments (l'équipage de la frégate *Ardent* avant son naufrage ◄) dont le *Sheffield* coulé par un missile Exocet de fabrication française. Le bilan aurait pu être pire si la France n'avait pas donné aux Britanniques les codes électroniques destinés à brouiller le guidage des autres Exocet argentins.

Reconquête
Le 11 juin, les Britanniques (à gauche ►) lancent une attaque contre Port Stanley et capturent 200 soldats argentins (à droite l'un d'eux ◄). De retour à bord du *Queen Elizabeth II*, les soldats britanniques sont acclamés ►.

Au large de la Patagonie, ces petites îles furent d'abord fréquentées par des marins de Saint-Malo (d'où leur nom en espagnol, *Islas Malvinas*) puis contrôlées par les Anglais en 1833, qui leur ont donné le nom de Falkland. Dès sa constitution, l'Etat argentin a revendiqué ces territoires à proximité de ses côtes mais le gouvernement britannique, soucieux de conserver ces points d'appui stratégiques peuplés de quelques milliers de personnes et dotés de bases, n'a jamais accepté de se voir contester ses droits sur cette zone.

En relançant, le 2 avril 1982, ce différend territorial, le général Galtieri pense se livrer à une opération de propagande nationaliste, qu'il estime couronnée de succès lorsque ses troupes obtiennent, le 3 avril, la reddition des soldats britanniques présents à Port Stanley, la capitale. La réaction de Margaret Thatcher, suivie par la majorité de l'opinion publique britannique, est immédiate, et la contre-offensive engagée, avec le départ, au milieu d'un réel enthousiasme populaire, d'une centaine de navires de guerre et de transport de troupes vers l'Atlantique Sud. Les combats commencent le 1er mai; le lendemain, le croiseur argentin *General Belgrano*, torpillé par un sous-marin britannique alors qu'il se trouve hors de la zone de sécurité définie par Londres, prend feu et chavire avec 350 marins à bord. Puis, c'est au tour des destroyers britanniques

Sheffield et *Coventry* et de trois autres bâtiments d'être coulés par la marine argentine. Dans la nuit du 14 au 15, commence la reconquête des îles, effective en un mois. Le 14 juin, les troupes argentines capitulent, l'Union Jack flotte à nouveau sur les Falkland, l'agonie de la junte argentine commence. La guerre a fait au total 255 tués du côté britannique et 712 chez les Argentins.

L'ESPAGNE ET LES VOIX DU PEUPLE

Depuis 1975, l'Espagne a retrouvé une vie démocratique consolidée par les élections législatives de 1977 et de 1979 et à peine ébranlée par la tentative de putsch du lieutenant-colonel Tejero qui occupe les Cortes avec un petit groupe de gardes civils le 23 février 1981. L'année suivante, le 28 octobre 1982, les élections législatives donnent la majorité (201 sièges sur 350) au parti socialiste (PSOE) de Felipe González. Après le *Frente Popular* de 1936, mais de manière bien plus nette, c'est le retour de la gauche au pouvoir. L'échec des partis de droite (l'Union du centre démocratique de Leopoldo Calvo Sotelo et l'Alliance populaire de Manuel Fraga Iribarne, ancien ministre de Franco) marque un tournant de la vie politique espagnole. Ayant prêté serment devant le roi d'Espagne Juan Carlos, le chef du nouveau gouvernement s'attache aux problèmes les plus cruciaux du pays.

Il entame une politique de rigueur budgétaire et de redressement économique accompagnée d'une dévaluation de la peseta et d'un assainissement du secteur industriel qui met à mal les anciennes aciéries et les chantiers navals non rentables. Toutes mesures devant donner des atouts dans une intégration (en dépit de tensions de tous ordres avec la France) à la Communauté économique européenne, effective le 1er janvier 1986. Cette politique économique engendre une agitation sociale et universitaire qui, n'empêchant pas les élections législatives de 1986 de redonner la majorité au PSOE, érode son électorat (il perd 4 % des voix et 18 sièges). Le 14 décembre 1988, une grève générale

La plaie du terrorisme
La sévère répression infligée aux terroristes de l'ETA ne met pas fin pour autant aux attentats de l'organisation séparatiste basque. Ainsi, la bombe qui explose en juillet 1986 à Madrid ▼ fait 11 morts. L'année suivante, l'explosion d'un supermarché à Barcelone en juin fait 18 morts et une trentaine de blessés.

illustre la rupture qui semble irrémédiable entre le parti au pouvoir et sa base électorale traditionnelle.

Mais le défi le plus important auquel, comme ses prédécesseurs, Felipe González est confronté, est celui de l'ETA (*Euskadi ta Askatasuna*) qui poursuit un combat visant à l'indépendance du Pays basque. De juillet 1978 à novembre 1984, dans la seule ville de Madrid, huit généraux sont assassinés et, le 14 juillet 1986, une voiture bourrée d'explosifs explose en plein centre au passage d'un autocar occupé par 58 gardes civils – huit d'entre eux sont tués ainsi que trois civils. La spirale de violence ne s'arrête plus, terrorisme et contre-terrorisme rythment la vie de l'Espagne.

Réformes et austérité
Peu après son arrivée au pouvoir, Felipe González ▼ fait adopter la semaine de travail de 40 heures et la dépénalisation de l'avortement. Bien moins populaire est sa politique de reconversion industrielle qui prévoit la suppression de 100 000 emplois dans les industries lourdes.

Putsch manqué
Alors qu'a lieu le vote d'investiture de Leopoldo Calvo Sotelo, 150 gardes civils menés par Antonio Tejero (ici un pistolet à la main ◄) font irruption aux Cortes et prennent en otages ministres et députés. En ralliant l'état-major des armées à la cause démocratique, le roi Juan Carlos ▲ parvient dès le lendemain à mettre en échec le coup d'Etat.

L'ITALIE D'UN NOUVEAU DÉFI

Au seuil des années 1980, l'Italie semble avoir résisté aux défis terroristes. Ni la multiplication des attentats individuels organisés par les marges de l'extrême gauche, ni les bombes aveugles d'une extrême droite jouant d'une «stratégie de la tension» (à l'origine de l'effroyable attentat de la gare de Bologne le 2 août 1980 qui fait 84 morts) ne sont venus à bout de la démocratie italienne. Les deux grands partis, la démocratie chrétienne (DC) et le parti communiste (PCI), continuent de dominer la vie politique, mais le «compromis historique» dont certains de leurs dirigeants rêvaient n'a pas survécu à la mort d'Aldo Moro. La disparition du secrétaire général du PCI, Enrico Berlinguer, ne met pas en cause l'évolution de son parti vers l'idée d'une grande formation de gauche. Cependant, le parti clé de la vie politique italienne se révèle être le parti socialiste dont le nombre des suffrages atteint près de 15% en 1987 et dont le premier secrétaire, Bettino Craxi, devient l'homme indispensable à toute combinaison gouvernementale. Gouvernée par une alliance entre ce dernier et les démocrates-chrétiens de Giulio Andreotti, l'Italie voit naître également, en Lombardie, la *Legua lombarda*, un mouvement régionaliste dirigé par Umberto Bossi, contestant la bureaucratie de l'Etat, son inefficacité et les scandales qu'elle cache, engendre ou suscite.

Le second «miracle» italien
Avec un taux de croissance de 2,8 % en 1984, l'économie italienne se place en tête des pays du Vieux Continent. La Bourse de Milan ▼ connaît un dynamisme sans pareil. Les entreprises italiennes conquièrent les pays étrangers, à l'image de FIAT qui occupe près de 15 % du marché de l'automobile européen.

Parfum de corruption
Le 19 juin 1982, Roberto Calvi, directeur de la banque Ambrosiano ◄, est retrouvé pendu à Londres alors qu'il était en fuite. Accusé de banqueroute, il serait responsable d'opérations frauduleuses liées aux milieux politiques. L'affaire embarrasse aussi le Vatican, proche de la banque.

Ces mêmes défauts récurrents assurent aussi une part de l'audience de l'extrême droite du MSI, qui à la mort de son secrétaire général, Almirante, se partage entre les tenants d'un modernisme pro-européen et ceux d'un néo-fascisme outrancier.

Face à la désaffection grandissante envers l'Etat, nombre de hauts fonctionnaires s'attachent à un meilleur fonctionnement des institutions et se préoccupent d'une organisation rationnelle des transports, de l'enseignement et des services de santé. Tout comme des juges et des policiers intègres mettent en place une véritable lutte contre la Mafia qui réagit par une série d'assassinats.

L'économie reste marquée par de grands groupes industriels et financiers portant souvent le nom de leur fondateur (Olivetti, Pirelli) ou dirigés par les descendants des familles à l'origine de l'entreprise (Agnelli pour FIAT). Le dynamisme des exportations tient toujours à un fort maillage de petites et moyennes entreprises, dont certaines atteignent à la renommée internationale (tel Benetton fondé en 1969), qui leur permet d'être présentes sur les marchés asiatiques ou d'Amérique du Nord. Le sud du pays, qui continue d'être défavorisé par rapport au Nord (20 % de chômeurs contre 8 %), comble malgré tout une partie de son retard.

Le plus long gouvernement
Premier ministre depuis juin 1983, Bettino Craxi ▲ donne sa démission en juin 1986.

Politique spectacle
En juin 1987, jouant d'une forme de dérision, le Parti radical fait élire au parlement la *Cicciolina* ▲, actrice de films X.

Terrorisme brun
Revendiqué par les «Noyaux armés révolutionnaires», l'attentat néo-fasciste de la gare de Bologne ◄ frappe une ville administrée depuis longtemps par le PCI.

LES DEUX ALLEMAGNES ET LE CONTINENT

En 1982, une crise politique provoquée par les libéraux, qui se détachent de leur alliance avec les socialistes pour incompatibilité de vision économique, ramène la démocratie chrétienne (CDU) au pouvoir, avec Helmut Kohl comme chancelier. Homme politique «professionnel», il a été conseiller municipal de Ludwigshafen, député à la diète de Rhénanie-Palatinat, chef de son groupe parlementaire démocrate-chrétien, ministre puis ministre-président du Land en 1969. Sa fidélité à la CDU s'appuie sur son adhésion à quelques convictions auxquelles il ne déroge pas : croyance en la doctrine sociale de l'Eglise, défense de l'économie de marché, nécessité de la construction politique de l'Europe, refus des totalitarismes, continuité de l'*Ostpolitik*.

Bénéficiant d'une situation intérieure plus sereine (l'agitation extraparlementaire a disparu et la contestation

L'isolement de la RDA
A l'opposé de la politique menée par Mikhaïl Gorbatchev en URSS, Erich Honecker (les deux hommes en 1989 ▲) défend un communisme pur et dur. A l'occasion du quarantième anniversaire de la création de la RDA (un défilé militaire ▼), plusieurs milliers d'Allemands de l'Est manifestent en faveur d'une démocratisation du régime.

trouve des voies politiques grâce à l'aile gauche du parti social-démocrate et à l'audience accrue des *Grünen*, les «Verts», partisans d'une écologie politique) et d'une économie toujours florissante avec l'une des monnaies les plus fortes et les plus solides du monde, Helmut Kohl sort vainqueur des élections en 1983, 1987, 1991 et 1994. Au long de ses mandats successifs, il symbolise une Allemagne ayant dominé la crise, maintenu le quasi plein emploi et qui va se révéler capable de réaliser la réunification du pays après la chute du mur de Berlin en novembre 1989.

Une procédure originale
Helmut Kohl ◄ succède à Helmut Schmidt le 1er octobre 1982 à la suite d'une «motion de défiance constructive». Procédure spécifique à l'Allemagne, elle prévoit qu'un chancelier ne peut être renversé que si un successeur est au préalable désigné à la majorité absolue.

Crise des «euromissiles»
En réponse aux pacifistes (◄ une manifestation) qui refusent le déploiement en RFA des missiles américains Pershing 2 pour faire face aux SS 20 soviétiques, François Mitterrand, invité au Bundestag, déclare en janvier 1983 : «Les fusées sont à l'Est, les pacifistes à l'Ouest.»

Lutte et négociations
La confédération syndicale DGB lance une grève le 14 mai 1984 pour réclamer la semaine de 35 heures ◄. Sept semaines plus tard, la semaine de 38 h 30 est adoptée pour 4 millions de salariés.

L'EUROPE SUR LES CHEMINS DE L'UNITÉ

Patiemment, texte après texte, réunion après réunion, l'Europe se construit, non sans hésitations, refus et doutes. Nombreux sont les agriculteurs et les salariés qui accusent les «eurocrates» de Bruxelles d'être responsables de la baisse de leurs revenus ou de fermetures d'usines. En mars 1982, 10 000 sidérurgistes wallons manifestent violemment dans la capitale belge quelques jours avant que ne se réunisse un sommet des chefs d'Etat et de gouvernement consacré à la montée du chômage dans la CEE. La réunion porte aussi sur le maintien de la politique agricole commune et sur les parités de change à l'intérieur du système monétaire européen (SME, auquel la livre anglaise ne participe pas) avec ses devises liées à l'ECU (*European Currency Unit*, unité de compte européenne) aux marges de fluctuation de plus ou moins 2,5 % – un «serpent monétaire européen» qui, malgré une histoire parsemée de réalignements, prépare à une future union économique et monétaire.

L'Europe des Neuf s'enrichit d'un dixième partenaire avec la Grèce en 1981 avant que n'y adhèrent l'Espagne et le Portugal en 1986, non sans réticences de la France, inquiète de la concurrence, essentiellement agricole, de ses voisins méridionaux. En 1986, une nouvelle étape essentielle est franchie avec la signature à Luxembourg d'un accord, dit Acte unique, qui prépare l'avènement de l'intégration économique et dote les institutions communautaires de nouvelles compétences en matière d'environnement, de recherche et de politique régionale.

Fin des laminoirs
En 1983, les sidérurgistes belges de Cockerill ▼ manifestent ▲ contre le plan de restructuration de la Commission qui prévoit 250 000 pertes d'emplois sur deux ans.

Circuler librement
Signés en juin 1985 entre la France, la RFA, la Belgique, les Pays-Bas et le Luxembourg, les accords de Schengen prévoient la libre circulation ▲ des personnes entre pays signataires à partir de 1995.

Mais, entre-temps, les difficultés n'ont pas manqué avec les échecs successifs des sommets d'Athènes en décembre 1983 et de Bruxelles en mars 1984, où l'intransigeance de la Grande-Bretagne au sujet de sa contribution au budget communautaire met à mal l'union européenne. Rien n'empêche malgré tout l'Europe de trouver sa vitesse de croisière et l'activité législative du Parlement européen d'atteindre une intensité sans précédent. Entre 1987 et 1992, plus de 250 textes sont adoptés, sur des sujets aussi variés que les normes industrielles, la libre circulation des capitaux ou l'ouverture des marchés publics. Les mesures commencent à déborder les sujets strictement économiques avec les accords de Schengen, en 1985, qui prévoient la suppression des contrôles d'identité aux frontières intérieures de la CEE, ou la mise en chantier d'une charte sociale sur les droits fondamentaux des travailleurs européens ou encore l'équivalence des diplômes d'un Etat à un autre.

Les années Delors
Président de la Commission depuis 1985, Jacques Delors ▲ (ici avec le Premier ministre japonais Nakasone Yasuhiro ▲) est partisan d'une union politique, économique et monétaire de l'Europe.

«LE SPORTIF DE DIEU»

C'est par cette expression que l'archevêque de Paris, Mgr Marty, accueille le pape à Paris le 30 février 1980. Jean-Paul II parcourt le monde, se rendant en Asie en 1981 ◄, en Afrique en août 1985, en Amérique latine et dans différents pays d'Europe occidentale. Dans ces derniers, ses prises de position pour le maintien d'une stricte doctrine de l'Eglise dans les domaines de la vie des fidèles touchant à la sexualité et à la procréation sont fraîchement accueillies, donnant même lieu à des manifestations violentes aux Pays-Bas lors de sa présence à Utrecht. C'est aussi dans ce pays et en Allemagne que se développe la contestation de certains prélats et de théologiens partisans d'une plus grande ouverture de l'Eglise aux évolutions sociales et culturelles. Jean-Paul II se révèle tout aussi ferme vis-à-vis de ceux qui, en Amérique latine, prônent une «théologie de la libération» qui n'exclut pas la violence révolutionnaire.

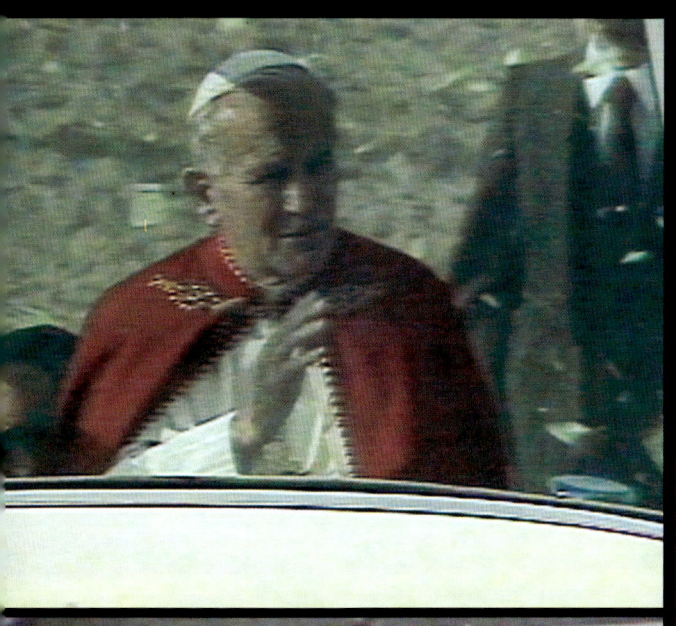

Tout en condamnant l'exploitation des plus démunis (ici aux côtés de Mère Teresa ▶) et en appelant à plus de justice sociale, le pape affirme récuser cette vision des changements politiques et sociaux. Plus incisif face aux régimes se réclamant du marxisme-léninisme, il apporte son soutien à Solidarnosc en Pologne et en appelle à la liberté de culte et de conscience dans tous les pays totalitaires. Cette attitude explique peut être la tentative d'assassinat (à gauche ▼) dont il est victime sur la place Saint-Pierre le 13 mai 1981 (après laquelle il se déplacera en «papamobile» ▶). Deux ans plus tard, c'est à Fatima qu'un prêtre exalté aux convictions d'extrême droite se précipite sur lui, une baïonnette à la main, symbole de l'hostilité des chrétiens les plus traditionalistes dont certains, autour de Mgr Lefèbvre, contestent toutes les évolutions en cours depuis Vatican II.

LE TROISIÈME MONDE TOUT EN CONTRASTES

Contestant leur domination du monde
à l'Amérique du Nord et à l'Europe,
l'Asie affirme sa puissance économique
avec l'essor industriel
et commercial du Japon,
l'émergence des nouveaux «dragons»
et l'ouverture de la Chine communiste.
Mais partout dans un monde toujours
confronté aux défis de développement
(ainsi en Afrique), les enjeux sont
aussi ceux de la démocratie
et des droits de l'homme.

LE TRIOMPHE DU JAPON

Devenu la deuxième puissance économique du monde à la fin des années 1970, le Japon parvient dans la décennie suivante à surmonter les chocs pétroliers, malgré sa totale dépendance en sources d'énergie (si ce n'est en électricité d'origine nucléaire qui passe de 2,2 % de ses besoins en 1975 à 30 % en 1988). Avec beaucoup de pragmatisme et grâce à de bonnes analyses de l'économie mondiale, le pays suit des axes précis qui lui permettent de conserver son rôle international.

Développant la recherche, sous l'impulsion du «MITI» (sigle en anglais du ministère du Commerce international et de l'Industrie), dans des domaines aussi variés que les fibres optiques ou l'océanographie, les biotechnologies ou les énergies nouvelles, la télématique ou la robotique, le Japon peut aussi compter sur le dynamisme de ses sociétés de renom international, comme Toyota, Hitachi, Nissan, Toshiba, Fujitsu et quelques autres. En 1985, naît également une nouvelle structure de recherche pour les technologies clés, le «JKTC», qui encourage la naissance de technopoles régionales, comme Oita dans l'île méridionale de Kyūshū.

Se réservant ainsi les industries de matière grise, le Japon poursuit sa politique, entamée dans les années 1970, de délocalisation vers ses voisins asiatiques d'industries de main-d'œuvre à coût moindre que dans l'archipel nippon. En y multipliant les investissements, il participe à l'émergence économique (Viêtnam, Philippines) ou à l'essor (Singapour, Taïwan, Corée-du-Sud) de pays bien décidés à trouver leur

Déboires de la classe politique
La longévité du mandat du Premier ministre Nakasone Yasuhiro ◄, qui reste cinq ans au pouvoir, est obscurcie par une série de scandales financiers. Le plus important concerne l'ancien Premier ministre Tanaka Kakuei ▶, proche de Nakasone Yasuhiro, qui est condamné en 1983 à quatre ans de prison pour avoir choisi, par corruption, la firme américaine Lockheed comme fournisseur de la compagnie intérieure All Nippon Airways.

Guerre commerciale
Les fortes exportations japonaises provoquent des tensions commerciales avec les Etats-Unis (le ministre Abe et George Bush ▲) qui reprochent au Japon la quasi-fermeture de son marché intérieur.

place sur l'échiquier mondial, au risque parfois de se trouver concurrencé sur ses propres marchés (ainsi par des firmes coréennes, comme Daewoo). Mais les investissements japonais ne se limitent pas à l'Asie, ils sont également considérables en Europe et aux Etats-Unis pour ce qui concerne l'automobile, les industries du son et de l'image et l'informatique.

Tout cela contribue à une incontestable prospérité. En 1983, le PIB par habitant rejoint puis dépasse celui de la France, et le niveau de vie des Japonais, en terme d'équipement des ménages, se rapproche de celui des Etats-Unis. Cette bonne santé économique s'accompagne d'une stabilité politique illustrée par Nakasone Yasuhiro, Premier ministre libéral de 1982 à 1987, d'une fierté nationale retrouvée et d'une fidélité aux traditions et à la famille impériale dont témoigne l'émotion de la population lors du décès du vieil empereur Hirohito en 1989.

Banquier mondial
L'excédent commercial (▼ une usine de téléviseurs), qui passe de 2 milliards de dollars en 1980 à 56 milliards en 1985, fait du Japon et de ses banques (▲ la salle des marchés de la banque Fuji) le premier créancier du monde.

NOUVEAUX «DRAGONS» ET VIEUX DÉMONS

Lors de ses expéditions impérialistes des années 1930, le Japon revendiquait une «aire de prospérité asiatique» sous son contrôle. Ce qu'il n'a pas réalisé par les armes semble l'être par l'économie dans les années 1980. Plusieurs facteurs contribuent au développement de cette partie du monde : maîtrise de la démographie, augmentation de la production agricole, productivité générale élevée, stratégie de croissance favorisant les exportations mais ne négligeant pas l'importance des marchés intérieurs au taux d'épargne considérable, flexibilité des politiques économiques où l'Etat joue son rôle pour faire face aux défaillances du marché.

Une «zone yen» se crée sur le pourtour du Pacifique autour de trois pôles : l'Asie industrialisée du Nord-Est (Japon et Corée-du-Sud), un ensemble régional en développement rapide comprenant quatre des six pays de l'Association des nations du Sud-Est asiatique (Malaisie, Thaïlande, Indonésie, Philippines) et l'aire économique chinoise (Chine, Hong-Kong, Taiwan, Singapour). La part des pays de l'Asie de l'Est représente, en 1990, 21 % des exportations mondiales (contre 9 % en 1965). Ainsi la Corée-du-Sud atteint la douzième place des économies mondiales en termes de PNB et Taiwan, qui bénéficie de la constante bienveillance des Etats-Unis, se hisse au rang de fournisseur à bon marché de productions multiformes. L'Indonésie, qui dispose de ressources pétrolières dont ses voisins sont dépourvus, semble sortir également de la spirale du sous-développement et parvient, dans le domaine agricole, à augmenter sa production de riz de 4,2 % par an et à assurer son autosuffisance alimentaire en 1984. Hong-Kong, où s'élèvent les buildings les plus audacieux d'Asie, et Singapour émergent comme les vitrines d'un capitalisme triomphant qui fait

Le dernier joyau de l'Empire
Comme les autres «dragons», Hong-Kong doit son essor économique au textile (▲ en haut) orienté vers l'exportation. Elle devient la deuxième place financière d'Asie (la Bourse ▲). En 1984 est signé un accord qui prévoit la restitution de cette colonie britannique ▲ à la Chine en 1997.

parfois oublier les intolérables
conditions de travail (ainsi
celles des enfants et des
femmes) et les faibles salaires
d'une main-d'œuvre qui
s'entasse dans les mégapoles
que deviennent Séoul ou
Bangkok (en Thaïlande, la
part du secteur manufacturier
passe de 6 % du PIB en 1960
à 25 % en 1989.)

Les régimes en place,
rarement démocratiques,
veillent à la bonne marche des affaires et
n'hésitent pas à employer la manière forte face
à toute contestation grave. Mais il arrive que le
rejet populaire soit si fort qu'il finisse par saper les
gouvernements les plus rigides ou les dictatures les
mieux établies. C'est le cas aux Philippines où, après des
années de troubles, le président Marcos doit abandonner son
poste et s'exiler en février 1986 aux Etats-Unis, laissant le
pouvoir à Cory Aquino qui, déjouant oppositions et tentative
de putsch, obtient 76,29 % de votes favorables au
référendum du 2 février 1987.

La chute de la maison Marcos
Devant le trucage de l'élection présidentielle de février 1986, la candidate de l'opposition, Cory Aquino ▲, menace de déclencher un vaste mouvement de désobéissance civile. En place depuis 1965, le dictateur Ferdinand Marcos (une statue à son effigie ▲) accepte alors l'asile politique qui lui est offert à Hawaii.

Révolte à Séoul
Après la mort d'un étudiant le 9 juin 1987, un mouvement de révolte explose ◄, qui provoque le départ du dictateur Chon Duhwan.

LA CHINE DE LA PORTE OUVERTE

Lorsqu'en janvier 1981 se termine, à Pékin, le procès de la «bande des quatre», avec la sentence de mort prononcée dans le prétoire contre Jiang Qing, la veuve de Mao Zedong, Zhang Chunqiao, Wang Hongwen et Yao Wenyuan, c'est le crépuscule du maoïsme qui s'annonce. Désormais, la politique des «quatre modernisations» s'accentue sous la pression de Deng Xiaoping. Dans les campagnes est instaurée une réforme qui autorise la création d'unités de base dotées d'une certaine autonomie dans la production de surplus agricoles destinés au marché libre. Bénéficiant d'une liberté nouvelle de décision et d'investissements, les régions favorisent les industries de transformation, mais le pouvoir central et le parti communiste conservent la haute main sur les décisions fondamentales, sachant combien la Chine peut être sensible à des tentations centrifuges. Afin d'attirer des capitaux étrangers, vingt-cinq zones franches sont ouvertes aux investissements, dont les plus importantes à Shanghai et Shenzhen, à proximité de Hong-Kong.

Au contraire de l'ère maoïste qui n'a aucunement envisagé une limitation des naissances, le nouveau régime décide d'imposer la famille à enfant unique, ce qui n'est pas sans poser des problèmes dans une société fondée sur le patriarcat et l'importance des héritiers mâles. L'ouverture économique au monde en général et vers les Etats-Unis en particulier suscite aussi chez certains l'espoir d'une vie politique moins

Les derniers héritiers
Condamnée à mort au terme de son procès diffusé à la télévision, Jiang Qing ▶ ne sera finalement pas exécutée.

Le devoir de fermeté
Limogé en janvier 1987 pour «libéralisme bourgeois», Hu Yaobang doit sa popularité posthume (▶ à gauche, son portrait) à son attitude conciliante lors de l'agitation étudiante de novembre 1986. Son remplaçant, Zhao Ziyang ▶, est évincé pour les mêmes raisons en mai 1989 et laisse son poste à Jiang Zemin.

Réconciliation
La visite de Mikhaïl Gorbatchev (avec Deng Xiaoping ▼) en mai 1989 est la première d'un dirigeant soviétique depuis vingt ans.

contrainte, d'une liberté d'expression que certains
dirigeants du parti communiste semblent
envisager, tel le secrétaire général Hu Yaobang,
exclu en 1987 et dont les idées sont reprises par
nombre d'intellectuels et se diffusent
particulièrement en milieu universitaire.

Lors de sa mort, le 15 avril 1989, des dizaines de milliers de
jeunes étudiants manifestent à Pékin sur la place Tianan men
et déploient une grande banderole en l'honneur du disparu.
Se déroulant dans le calme, sans intervention de la police,
le rassemblement est un succès. Et, peu à peu, la place la plus
mythique de l'histoire chinoise, toujours dominée par un
grand portrait de Mao Zedong, devient le rendez-vous d'une
parole libre, d'une dénonciation des errements passés du
régime et d'une critique de l'insuffisante démocratisation
du présent. Cette agitation totalement pacifique qui concerne
des dizaines de milliers de personnes fait l'objet d'âpres débats
au sein de la direction de l'Etat. Le secrétaire général Zhao
Ziyang se montre partisan du dialogue mais, démis de ses
fonctions le 25 mai, il doit laisser le champ libre aux tenants
de la fermeté et de la répression.

Dynamisme urbain
Le niveau de vie des villes chinoises (ici Canton ▼ et Shanghai ▲) s'améliore de façon remarquable en profitant de la modernisation industrielle. Cependant les entreprises d'Etat restent cruellement sous-productives et les Chinois subissent une inflation d'environ 40 % par an de 1984 à 1988.

TIANAN MEN

La place de la «paix céleste», bordée par la Cité interdite, est jusqu'alors célèbre dans l'histoire de la Chine pour ses grandioses anniversaires de l'instauration de la république populaire et par les rassemblements qui ont exalté les périodes phares du régime maoïste. En quelques heures, elle devient, le 4 juin 1989, synonyme de massacres et de répression aveugle. En pleine nuit, l'armée présente sur les lieux ouvre le feu ▶ sur des dizaines de milliers de jeunes ▼. Un homme seul face à une colonne de chars ◀ vient offrir quelques heures plus tard l'image symbole d'une résistance impuissante devant des blindés mobilisés pour la défense du pouvoir ◀. Le bilan, jamais rendu public, oscille entre 1 500 et 3 000 morts, auxquels s'ajoutent 10 000 à 30 000 arrestations (officiellement 6 000). Une vague de répression s'abat sur tout le pays : 40 exécutions ont été officiellement reconnues en 1989.

LES TRAGÉDIES DE LA PÉNINSULE INDIENNE

Toujours prisonniers de leurs clivages religieux (entre hindous, sikhs et musulmans chez l'une, sunnites et chiites chez l'autre), l'Inde et le Pakistan n'en finissent pas de connaître des troubles intérieurs ou des crises issus de leurs nationalismes respectifs.

En février 1983, des élections régionales dans l'Etat indien de l'Assam, proche du Bangladesh, provoquent près de 4 000 morts, le Premier ministre Indira Gandhi ayant admis la participation au vote des 2,3 millions de réfugiés de confession musulmane installés dans le région depuis la guerre du Bangladesh. Décision que récusent des politiciens hindous qui, sur place, ne font rien pour arrêter la violence des troubles. L'autorité d'Indira Gandhi est également bafouée par la minorité sikh, qui revendique un Etat indépendant : le 6 juin 1984, la prise d'assaut du sanctuaire sikh le plus important, le temple d'Or d'Amritsar, fait 700 morts et 240 blessés. Quatre mois plus tard, le 31 octobre, Indira Gandhi paie cette répression de sa vie lorsque deux sikhs de sa garde personnelle l'abattent à bout portant alors qu'elle se rendait de sa résidence à son bureau de New Delhi. Le cabinet réuni d'urgence désigne alors son fils, Rajiv Gandhi, 39 ans, comme successeur provisoire en attendant que le parti du Congrès élise un nouveau Premier ministre. Mais dans ce même temps d'agitation politique, le pays se développe. La «révolution verte» donne des résultats encourageants. L'essor d'une industrie de pointe permet à l'Inde, le 18 juillet 1980, d'être la sixième puissance mondiale à mettre un satellite sur orbite.

La violence est aussi récurrente au Pakistan où, le 17 août 1988, l'avion à bord duquel se trouvent le président Zia ul-Haq, son chef d'état-major et l'ambassadeur des Etats-Unis explose en plein vol. C'est une jeune femme, Benazir Bhutto, fille de l'ancien Premier ministre Zulfikar Ali Bhutto assassiné en 1979 sur ordre de Zia ul-Haq, qui accède au pouvoir, le 1er décembre 1989, après la victoire de son Parti du peuple pakistanais – par 92 sièges contre 55 à l'Alliance démocratique islamique du président assassiné.

L'unité mise à mal
Si elle satisfait aux revendications religieuses des sikhs ◄, comme l'interdiction de la vente de tabac, de viande et d'alcool aux abords du temple d'Or d'Amritsar ►, Indira Gandhi refuse en même temps toute concession politique et le paie de sa vie (► ses funérailles, le 4 novembre 1984, en présence de son fils Rajiv ►).

Une femme au pouvoir
Benazir Bhutto ▼, qui succède à Zia ul-Haq ▼, doit affronter tous ceux qui refusent de voir une femme à la tête du Pakistan.

LES MALHEURS DE L'AFRIQUE

L'écrivain français Michel Leiris a parlé de «malédiction» en évoquant l'Afrique des années 1930. Un demi-siècle plus tard, le terme conserve son actualité, tant sont nombreux les conflits où interviennent des facteurs ethniques, religieux, économiques, nationalistes, mêlant haines séculaires et ambitions récentes. La liste est longue des guerres, des révoltes, des rébellions dont aucun cessez-le-feu, aucun accord ne semble pouvoir arrêter la récurrence tragique.

Dans le sud du Soudan, les populations chrétiennes et animistes s'opposent au pouvoir de Khartoum qui a instauré la loi islamique; au Rwanda et au Burundi, Hutus et Tutsis s'affrontent en terribles flambées de violence; en Ethiopie, l'Erythrée lutte pour son indépendance. Parfois, la guerre trouve son origine dans la convoitise de territoires supposés riches en ressources du sous-sol, ainsi lorsque le Mali et le Burkina Faso s'affrontent en 1985 pour le contrôle d'une zone frontalière contestée. Les intérêts des grandes puissances et de leurs alliés respectifs ne facilitent pas le règlement de conflits face auxquels l'Organisation de l'unité africaine se révèle impuissante. Le temps des indépendances a laissé subsister les anciennes zones d'influence. La France a ainsi des troupes stationnées dans de nombreux pays où elle conforte des régimes en place ou leur vient en aide. Ainsi au Tchad, en

Instabilité politique
Une fois son indépendance acquise le 18 avril 1980, le Zimbabwe (ex-Rhodésie) dirigé par Robert Mugabe ▼ adopte un régime marxiste-léniniste. Le pays est en proie à des rivalités interethniques et à des affrontements entre guérilleros dissidents et armée régulière.

Guerre et famine
Au Mozambique, Samora Machel ▶ est aux prises avec la guérilla nationaliste. En Ethiopie, alors que sévit la famine ▶, Haïlé Mariam Mengistu ◀ affronte les autonomistes de l'Erythrée.

1983, où elles sont directement engagées contre des unités libyennes qui ont pénétré dans la bande d'Aozou disputée entre les deux pays. En Angola se poursuit une inexpiable guerre civile, commencée aux lendemains de l'indépendance et mettant aux prises le pouvoir central de Luanda soutenu par l'Union soviétique, qui participe à l'armement d'un corps expéditionnaire de 50 000 soldats cubains, et l'Union pour l'indépendance totale de l'Angola (Unita), soutenue par l'Afrique du Sud.

Cette situation troublée à laquelle bien peu de pays échappent (même le Sénégal, qui apparaît comme un modèle

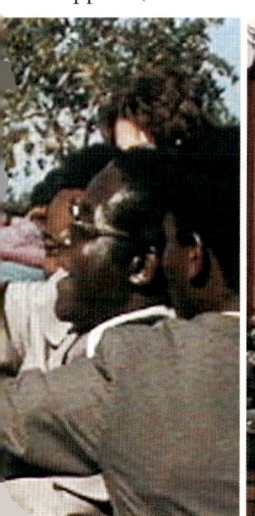

Terre brûlée
En quelques années, les affrontements au Sud Soudan ▲ font près de 500 000 morts.

de stabilité, voit naître un mouvement indépendantiste en Casamance) contribue à maintenir un sous-développement qui n'épargne que quelques franges de la bourgeoisie urbaine dans les pays dotés de ressources du sous-sol (Gabon, Guinée), sachant utiliser leurs atouts touristiques (Kenya) ou pouvant compter sur une bonne tenue des cours de certaines productions agricoles (cacao et café de Côte d'Ivoire).

STABILITÉ DU MAGHREB?

Habib Bourguiba destitué
A la suite des émeutes de la faim en Tunisie, Habib Bourguiba (ici acclamé par la foule ◄) interrompt le processus de démocratisation entamé en 1981 avec l'instauration du multipartisme. Considéré comme sénile, il est placé en résidence surveillée. Son successeur, Zine Ben Ali, doit affronter la montée d'un mouvement islamiste.

De la frontière égyptienne à la côte atlantique du Maroc, le Maghreb apparaît comme un ensemble de quatre pays marqué par la stabilité des régimes et des dirigeants.

En Libye, le colonel Kadhafi, au pouvoir depuis 1969, se veut tout à la fois leader du Tiers Monde, animateur du «front du refus», ennemi intransigeant d'Israël, et rêve d'un destin politique dans toute la zone sahélienne. Maniant aussi bien une stratégie de terrorisme que des actions militaires (ainsi au Tchad), il s'attire les foudres des Américains qui bombardent son camp de toile à proximité de Tripoli le 15 avril 1986, faisant 37 morts. Il en sort indemne et poursuit une politique qui inquiète, irrite ou suscite incompréhension ou ironie.

En Tunisie voisine, le président Bourguiba tente de maintenir son pays dans une voie démocratique, ouverte à l'Occident, et favorise un essor économique qui repose sur le tourisme et la délocalisation d'entreprises européennes bénéficiant sur place de facilités fiscales et de faibles coûts de main-d'œuvre. Il est exclu du pouvoir en novembre 1987 et remplacé par son Premier ministre, le général Ben Ali.

Le Maroc du roi Hassan II a aussi choisi l'ancrage occidental, accordé des facilités à

Au banc des accusés
La Libye du colonel Kadhafi ◄ est suspectée d'être à l'origine de l'explosion du Boeing de la Pan Am en Ecosse qui a fait 270 morts en décembre 1988 et de celle du DC 10 d'UTA au-dessus du Ténéré (170 morts, le 19 septembre 1989.)

l'installation de bases militaires
américaines et entrepris un dialogue
avec Israël en recevant à Ifrane Shimon
Peres, le 22 juillet 1986. Le pape a même
été accueilli à Casablanca le 20 août 1984.

En Algérie, où Chadli Bendjedid a succédé
à Houari Boumédiène, mort en 1978, la
dégradation des conditions de vie quotidienne
et la pesante tutelle du parti unique (le FLN) comptent parmi
les principales causes des émeutes d'octobre 1988. Réprimées
sans ménagement mais obligeant le gouvernement à libéraliser
le régime, elles sont aussi la cause et la conséquence de
l'émergence d'un courant politique islamiste.

En fait, dans le Maghreb, la situation devient plus que
difficile : l'explosion démographique entraîne chômage des
jeunes, problèmes de logement, d'enseignement et de santé;
le développement économique est grevé par une bureaucratie
parasitaire souvent corrompue et par une caste de nantis
liée au pouvoir. Les villes sont agitées d'«émeutes de la faim»,
à Sfax et Tunis (75 morts en janvier 1984, après l'annonce du
doublement du prix des céréales et une augmentation de celui
de la semoule et des pâtes), à Casablanca (66 morts en juin
1981), à Marrakech et à Tétouan (110 morts en janvier 1984).

Un leader imprévisible
Au pouvoir à la suite d'un coup d'Etat qui a mis fin à la monarchie libyenne, Muammar al-Kadhafi ◄ cherche à unir les pays arabes autour d'une troisième voie qui supplanterait le capitalisme et le socialisme. Mais de nombreux Etats arabes lui reprochent ses visées expansionnistes.

Ambitions libyennes
En août 1983, 3 000 soldats français sont envoyés au Tchad ▲ pour aider les troupes d'Hissène Habré qui affrontent l'armée rebelle de Goukouni Oueddeï ◄ appuyée par les troupes libyennes. La victoire d'Hissène Habré en septembre 1987 permet d'obtenir un cessez-le-feu respecté par tous les protagonistes.

LE CRÉPUSCULE DE L'APARTHEID

L'adoption de la politique d'apartheid en 1948 par le *National Party* et sa poursuite envers et contre tout ont mis peu à peu l'Afrique du Sud au ban des nations. A la suite de la répression des émeutes de Sharpeville en 1960, l'Assemblée générale des Nations unies a pris des mesures hostiles à la République sud-africaine, qui s'aggravent du fait de la participation de Pretoria au conflit angolais. Les sanctions s'appliquent à tous les domaines, économique, financier, culturel, sportif… Des campagnes en faveur du désinvestissement des compagnies occidentales aboutissent au retrait de nombre d'entre elles : de janvier 1986 à mars 1991, 178 sociétés américaines y cessent ainsi toute activité.

Frappée d'ostracisme généralisé, l'économie sud-africaine doit vivre pour partie en autarcie, mais le pays sait jouer de sa position stratégique, de son rôle face aux ambitions soviétiques en Afrique australe et de ses richesses minérales (90 % des réserves mondiales de manganèse, 60 % de l'or, 50 % du vanadium et du chrome entrant dans la composition des inox et des aciers

Le dialogue face à la haine
La non-violence dans la lutte anti-apartheid prônée par Mgr Tutu ▶ contraste avec l'extrémisme d'Eugène Terreblanche ◀, chef du parti néo-nazi qui réclame un durcissement de la ségrégation.

Injustice et misère
Dans la banlieue de Johannesburg, l'immense bidonville de Soweto est en proie à de fréquentes émeutes contre l'apartheid dont la répression fait près de 1 300 morts entre 1984 et 1986. Loin de calmer les passions, l'état d'urgence (interdiction des rassemblements et des activités politiques) instauré en juillet 1985 ne fait que raviver les tensions (des bidonvilles incendiés lors d'émeutes en 1988 ◀).

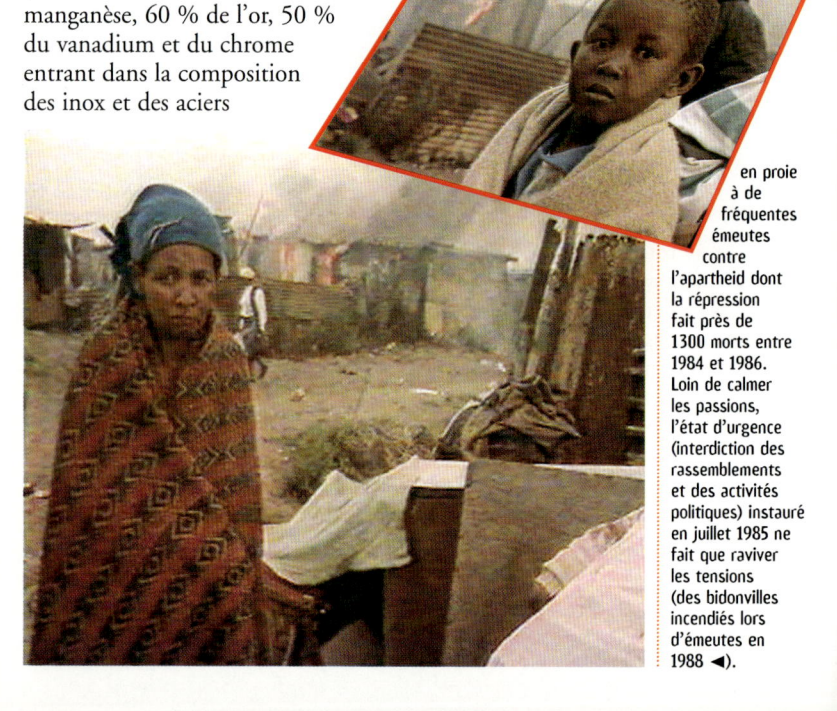

spéciaux) pour atténuer l'hostilité des Etats-Unis et
de l'Europe à son égard. Mais la répression policière,
les arrestations, les peines de prison, l'interdiction maintenue
de l'ANC (*African National Congress*) et la relégation en
prison de son leader charismatique Nelson Mandela ne font
que contribuer au rejet du pays.

Et, au fil des ans, Pretoria ne peut plus ignorer une opinion
internationale qui, en décembre 1984, marque sa réprobation
en accordant le prix Nobel de la paix à Mgr Desmond Tutu,
secrétaire général du Conseil des Eglises d'Afrique du Sud et
chantre d'une lutte non violente contre une législation
discriminatoire. Les milieux d'affaires (dès 1985 des hommes
d'affaires afrikaners rencontrent des responsables de l'ANC à
Lusaka en Zambie) et le président Botha lui-même (avant de
quitter son poste en août 1989 pour raison de santé au profit
de Frederik De Klerk, il reçoit Nelson Mandela dans sa
résidence du Cap en juillet) sont persuadés de la nécessité
d'une démocratisation du pays et de son retour dans la
communauté internationale.

Concept périmé
Au pouvoir depuis 1978, Pieter Botha (▲ en haut) ne fait pas évoluer la situation de l'apartheid, qu'il qualifie pourtant devant le Parlement en janvier 1986 de «concept périmé». Son successeur, Frederik De Klerk, témoigne de sa volonté de réforme en libérant, le 15 octobre 1989, après 25 ans de prison, huit dirigeants de l'ANC, dont Walter Sisulu (▲ entouré par la foule), compagnon de Nelson Mandela.

AMÉRIQUE LATINE, RETOUR VERS LA DÉMOCRATIE?

Le Mexique en faillite
La baisse du cours du pétrole oblige le Mexique à se déclarer en cessation de paiement en août 1982 pour une dette qui atteindra 100 milliards de dollars en 1985. La pauvreté des campagnes pousse chaque année 750 000 paysans mexicains vers les villes, particulièrement les faubourgs de Mexico ◄, qui atteint près de 20 millions d'habitants.

Les années 1970 avaient vu le retour en force des militaires en Amérique latine, conservant leur pouvoir ou l'arrachant par la force lors de coups d'Etat sanglants. A la fin de la décennie suivante, ils reprennent le chemin des casernes et redonnent aux civils la gestion de la cité. Après l'Uruguay où l'on assiste à un retour progressif à la démocratie à partir de 1983, c'est au tour de l'Argentine de se débarrasser d'une junte déconsidérée par la défaite lors de la guerre des Malouines, puis d'Haïti qui voit s'exiler Jean-Claude Duvalier le 8 février 1986. Enfin le Chili refuse de plébisciter le général Pinochet à la recherche d'une nouvelle légitimité en octobre 1988, un an avant que la démocratie chrétienne et la gauche ne remportent les élections et ne

Interminable guérilla
Le président nicaraguayen Ortega ▲ signe, en août 1989, un accord qui prévoit la démobilisation des «contras» ▼.

rétablissent la tradition démocratique du pays, qui se dote d'un nouveau président, Patricio Aylwin.

Outre leur caractère violent (on estime de 10 000 à 30 000 le nombre des morts ou disparus, victimes des généraux en Argentine), les dictatures se rendent insupportables par leurs échecs économiques et sociaux : en 1988, plus de 50 % des habitants de l'agglomération de Santiago du Chili sont considérés comme vivant à la limite ou en dessous du seuil de pauvreté tandis qu'en Argentine les salaires réels ont diminué de 40 % de 1975 à 1982. Dénoncées par l'Eglise, minées par une opposition qui ne se limite plus à des groupes révolutionnaires décimés par la répression, parfois même abandonnées par les Etats-Unis qui encouragent des transitions plus conformes aux règles de la démocratie, les dictatures militaires voient leur destin scellé.

L'échec est également patent du côté du régime révolutionnaire des sandinistes au Nicaragua. Le pays est en proie à une terrible crise économique et à une guerre civile qui oppose le pouvoir aux «contras» puissamment soutenus par les Etats-Unis. Des accords de paix initiés par les pays voisins établissent finalement, au printemps 1988, un cessez-le-feu, pour un combat qui, en une dizaine d'années, a fait 44 000 victimes. Seul Cuba parvient à maintenir les aspects essentiels de sa révolution par une mobilisation générale, en affichant des résultats probants dans les domaines de la santé et de l'éducation, en réprimant ou exilant ses opposants et en s'appuyant sur le soutien de l'Union soviétique, de plus en plus ténu au fil des années de la *«perestroïka»*.

L'«Irangate»
Le lieutenant-colonel américain North ▼ est inculpé en 1988 pour avoir détourné vers les «contras» nicaraguayens des fonds issus de la vente illégale d'armes à l'Iran.

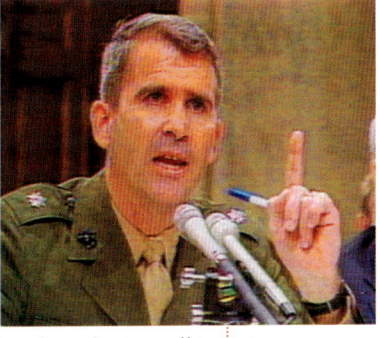

Fin de dictatures
Le général Galtieri ▼ est évincé en juin 1982 mais l'Argentine ne devient une démocratie qu'en janvier 1984, quatre ans avant que Pinochet ◄ ne quitte le pouvoir au Chili.

LA FIN DU MONDE SOVIÉTIQUE

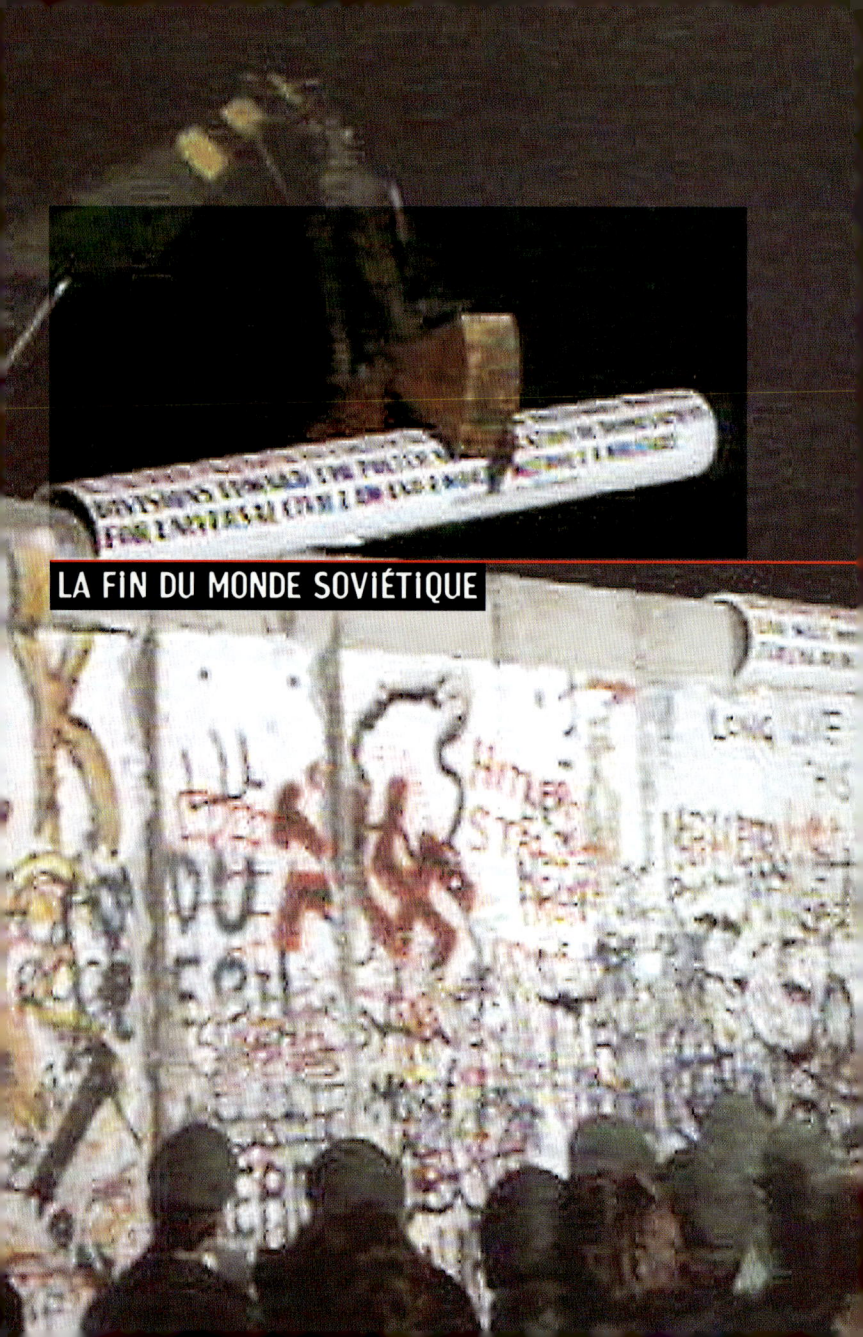

Ruiné par les difficultés économiques,
ayant entamé trop tardivement
les réformes indispensables,
le glacis soviétique s'effrite, se fissure
puis se délite en quelques années.
En novembre 1989,
le mur de Berlin s'effondre et, avec lui,
les vestiges d'un rideau de fer
brutalement érigé
quarante ans auparavant.

LA «PERESTROÏKA»

En français, cela pourrait s'appeler la «restructuration», la reprise en main indispensable d'une économie à la dérive, incapable de supporter le poids d'une compétition militaire avec les Etats-Unis, d'un gouvernement inapte à mobiliser une population déçue par des décennies de sacrifices pour un avenir utopique – fût-il celui d'une «économie socialiste de marché» – et d'un parti communiste qui, par le comportement de sa *nomenklatura* et de ses apparatchiks, a dilapidé une mystique issue de 1917 ou de la Grande Guerre patriotique.

Mikhaïl Gorbatchev, pour le moins lucide sur l'état du pays et peu désireux de gouverner par la force ou l'emphase brouillonne, s'inspire du Lénine de la NEP pour imposer réformes et remises en question, aussi douloureuses qu'elles puissent être, tout en se réclamant toujours de l'idéologie fondatrice, comme il l'affirme sur la place Rouge, en 1987, pour le 70e anniversaire de la révolution d'octobre : «Le monde du socialisme se lève devant nous dans toute sa diversité nationale et sociale. Cela est bon et nécessaire.» En renonçant sur le plan extérieur à toute ambition internationale, en entamant un processus de démilitarisation, il avoue la défaite de l'Union soviétique après des décennies de guerre froide ou tiède, et, ce faisant, s'attire l'hostilité du complexe militaro-industriel choyé par le pouvoir sous Leonid Brejnev.

Une économie aux abois
La réforme des kolkhozes ▼ de 1986, qui vise à instaurer la location des terres, piétine. Faute d'investissements, les rendements des puits de gaz (un gazoduc ▲) sont en déclin.

Applaudi par l'Occident
La popularité de Mikhaïl Gorbatchev (◄ avec Ronald Reagan lors du sommet américano-soviétique de 1985) auprès des dirigeants étrangers contraste avec l'opinion mitigée qu'en ont les Soviétiques.

S'il encourage la dénonciation des tares du régime au nom de la *glasnost* («transparence»), Mikhaïl Gorbatchev se révèle incapable d'y mettre fin et ni les libertés de parole, de conscience et de presse presque retrouvées, ni la démocratisation accélérée après 1988 ne peuvent suffire. L'agriculture n'est toujours pas en mesure d'approvisionner convenablement les centres urbains, les industries légères de fournir des produits fiables et bon marché, l'industrie lourde est obsolète et la production d'énergie elle-même est toujours source de gaspillage ou de catastrophe (la centrale nucléaire de Tchernobyl en Ukraine explose en avril 1986).

L'effondrement du système semble irréversible et ses conséquences commencent à apparaître : renouveau des nationalismes, dislocation du tissu social, irruption de mafias du crime organisé jusqu'alors combattues, corruption généralisée et avènement d'une économie parallèle de survie. Dès lors, l'Union soviétique, qui a plus que jamais besoin de la bienveillance occidentale, n'est plus en état d'intervenir par la force quand vacille en 1989 sa domination sur l'Europe de l'Est, avec pour première brèche la Pologne, où le mouvement *Solidarnosc* triomphe après une décennie de lutte.

Le mot magique
La notion de *perestroïka* (▲ ici exaltée lors d'une manifestation officielle en 1988) reste vague. Les réformes décidées en son nom (encouragement matériel à l'esprit d'initiative, assouplissement des objectifs du plan) ne remettent pas en cause une économie qui reste étatisée à 90 %.

Démocratisation
En 1989, est créé le Congrès des députés du peuple ◄ qui comprend 2 250 membres dont 1 500 sont élus.

«SOLIDARNOSC»

Malgré tous leurs efforts et leur bonne entente avec l'Occident, les dirigeants polonais, avec à leur tête le premier secrétaire du parti communiste, Edward Gierek, ne parviennent pas à redresser l'économie du pays ni à améliorer le niveau de vie d'une population lasse de promesses non tenues. Renforcé dans sa foi catholique par l'élection d'un pape polonais, conscient de pouvoir braver les autorités, comme lors de la visite triomphale de Jean-Paul II en juin 1979, le peuple polonais est exaspéré par les difficultés quotidiennes et la vacuité des discours officiels.

A la suite de l'annonce des hausses de prix de la viande, le 1er juillet 1980, la grève éclate à Lublin et s'étend à tout le pays grâce à l'efficacité du réseau d'information d'une opposition de mieux en mieux structurée. Le 16 août, les chantiers navals de Gdansk rejoignent le mouvement et deviennent le siège du Comité de grève interentreprises dont un électricien de 37 ans, Lech Walesa, est le leader incontesté. Il fonde le syndicat indépendant *Solidarnosc* qui s'impose comme interlocuteur unique d'un gouvernement désemparé bientôt contraint d'accepter le pluralisme syndical et d'accorder une amélioration des salaires et des conditions de travail. Enregistré officiellement en septembre 1980, *Solidarnosc* compte bientôt 10 millions d'adhérents (un tiers des membres du parti communiste le quittent pour rejoindre le syndicat).

En février 1981, le général Jaruzelski est nommé chef du gouvernement. Connu pour son intégrité et son patriotisme, il entame une politique tout à la fois de dialogue et de fermeté avec les contestataires, partagés entre un courant modéré qui ne souhaite pas d'affrontement avec le parti communiste et les plus déterminés qui rêvent d'une conquête du pouvoir. Mais tous, gouvernement et syndicats libres, redoutent une intervention armée de l'URSS qui, en ces dernières années de pouvoir de Leonid Brejnev, ne saurait accepter que sa zone d'influence soit mise en cause. Afin de parer à cette confrontation, l'état-major

L'Eglise en ligne de mire
En octobre 1984, le père Jerzy Popieluszko, l'une des figures les plus populaires de l'Eglise, proche de *Solidarnosc*, est enlevé et assassiné (ses obsèques ▶).

L'homme aux lunettes noires
Après deux ans de loi martiale (▲ en haut, décrétée en 1982), le général Jaruzelski ▲ lève l'«état de guerre» le 22 juillet 1983. Le soutien apporté par Jean-Paul II à *Solidarnosc* l'oblige à composer avec Lech Walesa, prix Nobel de la paix en 1983.

polonais, Wojciech Jaruzelski à sa tête, déclenche, dans la nuit du 12 au 13 décembre 1981, un coup d'Etat militaire qui aboutit à l'interdiction de *Solidarnosc*, à l'arrestation d'une dizaine de milliers de dirigeants et de militants actifs, tout en évitant les affrontements civils meurtriers.

Dès 1983, les mesures d'«état de guerre» sont levées, des réformes entreprises, le dialogue avec l'Occident renoué, mais les tensions restent fortes entre les autorités et l'opposition. Finalement la crise peut se dénouer à la faveur de la politique de Mikhaïl Gorbatchev, lorsque disparaît tout risque d'intervention militaire de l'Union soviétique. Une «table ronde» réunie à Varsovie, le 6 février 1989, aboutit à un accord deux mois plus tard, qui ouvre la voie aux premières élections libres depuis quarante ans.

Vigilance
Malgré l'«état de guerre», *Solidarnosc* continue son combat dans la clandestinité. En octobre 1982, son appel à la grève générale vaut à Lech Walesa ▲ d'être emprisonné quelques jours. Plus qu'ailleurs, les ouvriers des chantiers navals de Gdansk ◄ sont en tête du mouvement.

LA CHUTE DU MUR

De tous les pays du bloc de l'Est, la République démocratique allemande (RDA) est le plus fragile. Intégrée dans le giron soviétique, au même titre que les autres pays communistes d'Europe, elle n'en est pas moins attachée à son passé, à ses villes (Dresde, Leipzig, Berlin-Est) emblèmes de la culture allemande, mais aussi à ses grandes figures historiques (Bach, Luther) originaires de son territoire. Création artificielle, la RDA a fini par exister, reconnue comme État souverain, et son Premier ministre, Erich Honecker, est reçu en Allemagne fédérale à l'automne 1987. Au moment où le régime se fissure, à l'été 1989, des dizaines de milliers d'Allemands de l'Est, profitant de l'ouverture de la frontière entre la Hongrie et l'Autriche, prennent le chemin de l'Ouest *via* Budapest. L'hémorragie, que la construction du mur de Berlin a enrayée, reprend de plus belle. En septembre, la conférence des Églises évangéliques de la RDA se fait le porte-parole d'une exigence de réformes sociales et de liberté totale de déplacement des citoyens. Leipzig devient le centre de manifestations pacifiques qui, chaque lundi, envahissent le boulevard circulaire de la ville. Nombre de ces contestataires n'envisagent pourtant pas la disparition de l'Etat. Mais l'«automne du peuple» qui commence emporte tout sur son passage. Nul n'ose donner l'ordre de tirer sur les foules de Leipzig et, le 27 octobre, le gouvernement annonce une amnistie générale pour les condamnés ayant franchi ou tenté de franchir les frontières. Quinze jours plus tard, la décision est prise d'ouvrir la frontière inter-allemande à Berlin. Au soir du 9 novembre, sous les caméras de télévision du monde entier, le Mur s'écroule. Des pans entiers sont abattus, découpés, conservés comme souvenirs ou revendus par petits morceaux aux visiteurs...

RIDEAU DE FER, CHÂTEAU DE SABLE

Un an. Il ne faut pas plus d'un an pour que disparaisse le «bloc de l'Est», un ensemble de «partis frères» liés par une histoire commune.
Le système se révèle vermoulu, et ni le contrôle policier ni l'omniprésence des organisations «de masse» des partis communistes ne peuvent contenir un mécontentement multiforme : étudiants et jeunes séduits par des images de l'Occident, intellectuels aspirant à la liberté d'expression et surtout populations urbaines exaspérées par les difficultés de la vie quotidienne. La Pologne est la première à secouer la tutelle des pouvoirs en place; pour les autres, 1989 est l'année décisive. En Hongrie, le comité central du parti communiste se saborde lui-même en février 1989 : *exit* le rôle dirigeant du parti, mise en place des libertés de presse et d'association. Si, en Tchécoslovaquie, l'évolution est plus lente, elle n'en aboutit pas

La vengeance d'un peuple
Lorsque Ceausescu est exécuté ▲ le 25 décembre 1989, les combats continuent entre la *Securitate* et une partie de l'armée régulière qui a fraternisé avec les insurgés ▼.

moins au même résultat lorsque, le 29 décembre, Václav Havel (libéré de prison 6 mois avant) est élu président de la République et Alexander Dubcek, président du Parlement.

Prises dans l'engrenage de l'effondrement du communisme, l'Albanie, la Yougoslavie, la Roumanie et la Bulgarie suivent des voies différentes. A Sofia, Tador Jivkov, au pouvoir depuis trente-cinq ans, réticent à suivre les mots d'ordre de la *perestroïka*. Il doit laisser le pouvoir à Petar Mladenov, son ministre des Affaires étrangères qui, en un premier geste démocratique, annule la politique d'assimilation forcée de la minorité turque musulmane du pays (1 500 000 personnes). En Roumanie, Nicolae Ceausescu termine sa carrière de dictateur mégalomane soutenu par l'omniprésente *Securitate*, la police politique forte de cent mille agents. En novembre, réélu triomphalement à la tête du parti, il n'imagine pas être hué par la foule le mois suivant, le 21 décembre. Stupéfié, il assiste, du balcon du pouvoir, à la haine d'un peuple pour partie manipulé par ceux qui ont déjà préparé sa succession. En vingt-quatre heures, le dictateur tout-puissant et sa femme perdent tout contrôle de la situation, s'enfuient avant d'être reconnus, arrêtés, sommairement jugés et exécutés. En Yougoslavie s'annonce la dislocation de la fédération des six Républiques soumise à la crise économique et au renouveau des nationalismes particulièrement fort en Slovénie, en Croatie et en Serbie où, à l'issue de la première élection présidentielle au suffrage universel, Slobodan Milosevic est élu à une écrasante majorité. Face à ces bouleversements, seule l'Albanie de Ramiz Alia, successeur d'Enver Hoxha en 1985, tente encore de survivre sous la bannière marxiste-léniniste mais sans pouvoir freiner l'afflux des candidats à l'immigration…

Réveil du nationalisme
Chef des communistes serbes depuis 1986, Slobodan Milosevic soutient dès le printemps 1987 une manifestation de la minorité serbe du Kosovo ▼ revendiquant la prééminence serbe dans cette province.

«Révolution de velours»
Le 29 décembre 1989, le poète et dramaturge Václav Havel (▼ en bas) est porté à la présidence par les parlementaires tchécoslovaques.

SOCIÉTÉ

82 Sciences et techniques
84 Navettes et stations
86 «Mères porteuses» et choix du sexe
88 Le drame du sida
90 L'informatique
92 Les communications

94 Objets
96 Les sports de glisse
98 Airbus et TGV
100 Le culte du corps

102 Images
104 Mexico
106 Terre des hommes
108 Carnet royal
110 La mode des extrêmes
112 Tragédies des stades

114 Bhopal et Tchernobyl
116 La mort aveugle
118 Le Bicentenaire

120 Exploits
122 Palmarès en or
124 Paris-Dakar
126 Jeux Olympiques, enjeu politique
128 Ballon rond, ballon ovale
130 Les nouveaux conquérants de l'extrême

132 Créateurs et créations
134 Ecrivains et maîtres à penser
136 Rue des arts

138 Le décor et l'épure
140 Les arts de la scène
142 Cinéma européen : le renouveau
144 Cinéma américain : les moyens du succès

SCIENCES ET TECHNIQUES

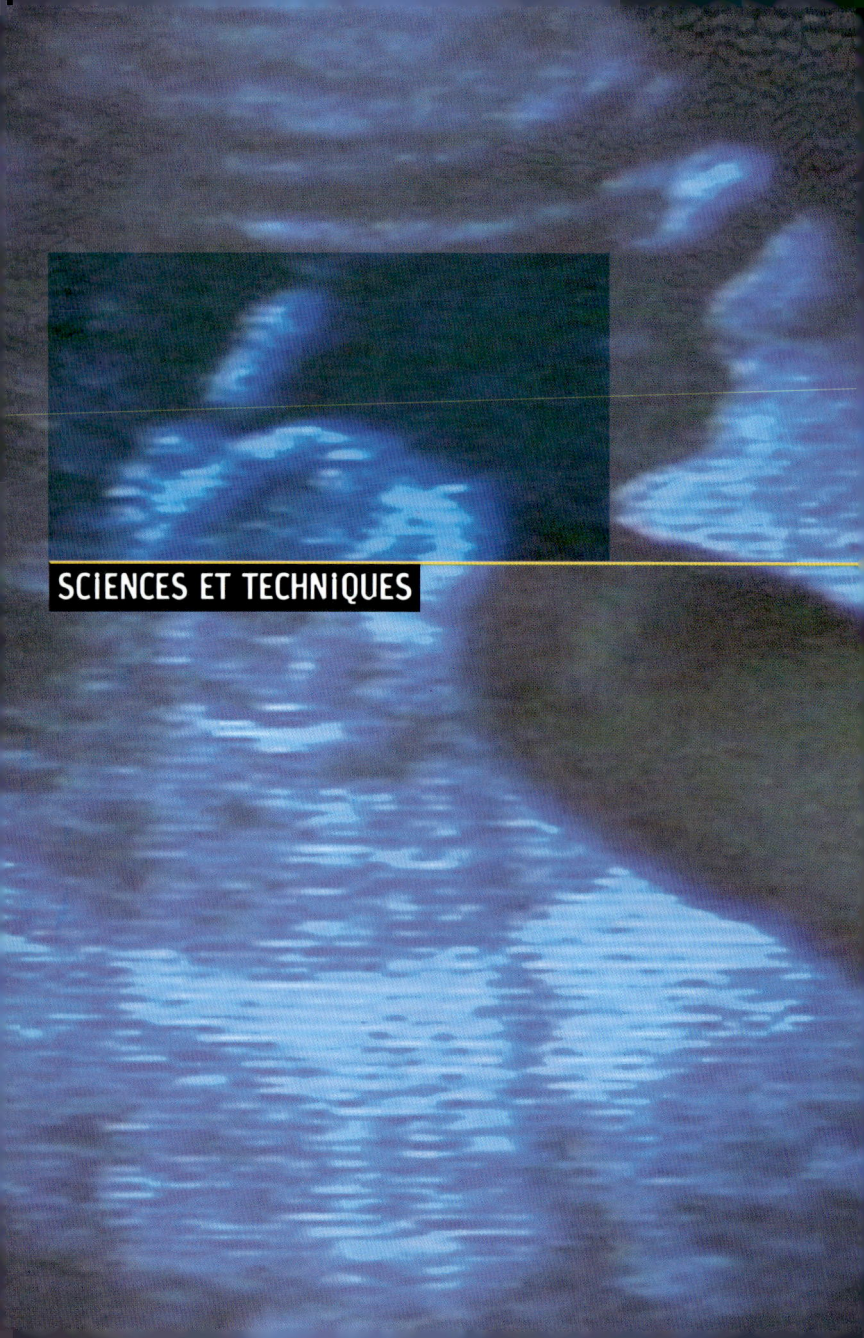

Continuant sa conquête de l'espace (malgré le drame de la navette Challenger en 1986), la science maîtrise aussi de mieux en mieux le temps avec le développement de l'informatique. Mais elle reste impuissante face au sida et pose des questions éthiques cruciales par ses recherches en biologie.

NAVETTES ET STATIONS

Fusée européenne contr Arianes

FÉVRIER 1985

Le Monde
dossiers et documents

L'image forte de l'effort astronautique des années 1980 est celle d'une catastrophe : le 28 janvier 1986, la navette spatiale Challenger explose en vol. Sept astronautes, cinq hommes et deux femmes, périssent. «Nous continuerons notre conquête de l'espace», affirme le président Reagan. Mais l'Amérique – particulièrement la NASA, mise en accusation après l'échec de Challenger et de plusieurs fusées non habitées – doit réviser à la baisse ses ambitions, et renoncer à la mise en place d'une station orbitale permanente. Tout avait pourtant bien commencé. Depuis 1981, les navettes spatiales Columbia puis Challenger, hybrides d'avion et de fusée, conçues pour revenir sur Terre comme un planeur, ouvrent une ère nouvelle, celle de l'occupation quotidienne de l'espace. Le progrès passe par la banalisation de l'exploit.

Il passe aussi par la fin du monopole qu'exerce depuis vingt ans le couple Etats-Unis–URSS. Le Japon et la Chine entrent à leur tour dans la course à l'espace. La fusée *Longue*

L'avion de l'espace
Outre sa vaste soute ▼ qui lui permet de larguer des satellites de grande taille, notamment militaires, Challenger est équipée d'un bras robot capable de récupérer des objets dans l'espace.

Marche 2, lancée en 1982, illustre les succès d'un programme chinois ayant débuté en 1970. Le Japon, quant à lui, peut se vanter d'avoir mis quinze satellites sur orbite entre 1975 et 1987 grâce à ses lanceurs N1 et N2.

L'Europe participe, derrière la France, au programme Ariane. A partir d'*Ariane 1*, prototype opérationnel depuis 1979, les lanceurs *Ariane 2, 3* et *4* (juin 1988) emportent dans l'espace des charges de plus en plus lourdes, des satellites de plus en plus sophistiqués. Une ère nouvelle s'ouvre avec la multiplication des relais de télévision et de télécommunication installés dans le cosmos par des pays de plus en plus nombreux, qui entrent rapidement dans le club jusqu'alors très fermé des utilisateurs de l'espace.

Bombe volante
L'explosion de Challenger ▼ ▲ dans le ciel de Floride est due à un joint défaillant qui a laissé du combustible s'échapper entre un réservoir et un booster de lancement.

Habiter l'espace
La station orbitale Mir ▼, lancée en février 1986, est le premier module d'une future station spatiale.

navette américaine
ce : une société pas comme les autres

L'heure est par ailleurs à l'ouverture. Les Soviétiques, autrefois si jaloux de leur technologie, ouvrent leurs centres de recherches.
Le 24 juin 1982, le Français Jean-Loup Chrétien s'envole sur un vaisseau Soyouz pour une semaine de travail.
Il sera suivi par de nombreux cosmonautes étrangers, invités les uns après les autres à partager le confort spartiate de la station Mir, mise en orbite en 1986.

«MÈRES PORTEUSES» ET CHOIX DU SEXE

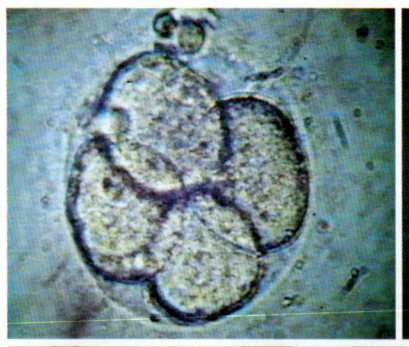

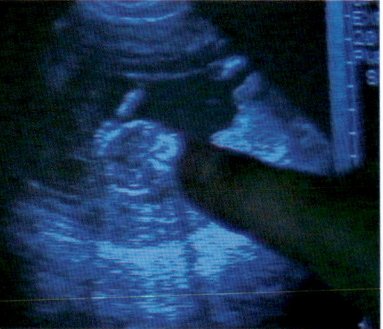

La naissance en Angleterre en 1978 du premier «bébé-éprouvette» a entraîné très logiquement de nouvelles évolutions dans les techniques de procréation assistée. Dès 1979, on va vu ainsi naître des enfants de «mères porteuses» qui acceptent d'être fécondées artificiellement par le sperme d'un homme dont l'épouse est stérile, le nouveau-né étant ensuite remis au couple demandeur.

Dans de nombreux pays, l'exploit scientifique est mis au service d'un lucratif marché : aux Etats-Unis, un «contrat» de «mère porteuse» se chiffre à environ 10 000 dollars. Les techniques sans cesse plus affinées de lutte contre la stérilité

De plus en plus tôt
Les progrès de l'échographie ▲ permettent de contrôler le bon déroulement de la grossesse et de déceler 80 % des malformations génétiques.

Biologie et sentiments
La pratique des «mères porteuses» (une agence spécialisée aux Etats-Unis ► et l'une de ses fiches signalétiques ◄) n'est pas sans risque, lorsque le sentiment interfère avec le contrat. Comme d'autres mères, Mary Beth Whitehead (▼ ici avec sa famille) refuse en 1986 de se séparer du bébé qu'elle a porté moyennant 10 000 dollars. Mais les tribunaux en décident autrement et l'obligent à rendre l'enfant au couple demandeur.

et de fécondation *in vitro* permettent dans un premier temps de choisir le sexe de son enfant (en triant les spermatozoïdes porteurs des chromosomes XX ou XY), vieux rêve humain enfin réalisé, puis de multiplier les grossesses multiples, par l'implantation de plusieurs ovules fécondés et triés ultérieurement. Il est possible désormais de congeler non seulement les paillettes de sperme, mais les embryons eux-mêmes, en vue d'une implantation ultérieure. Les questions morales posées par la recherche deviennent cruciales.

Mais déjà, en 1984, en France, le Comité national d'éthique condamne une pratique qui s'apparente à une vente d'enfant, et à l'incitation d'abandon d'enfant. En mars 1988, les associations de «mères porteuses» sont officiellement dissoutes, pour non-respect de la disponibilité du corps humain, violation du droit de filiation, non-respect de l'autorité parentale et précarité de la situation légale de l'enfant.

Naissance de la bioéthique
Les possibilités de conservation des embryons (à gauche ◄) et des fœtus soulèvent des interrogations morales inédites. Ainsi une femme peut-elle être inséminée avec le sperme d'un homme mort depuis plusieurs années?

LE DRAME DU SIDA

Existant sans doute de façon sporadique depuis le milieu du siècle, une nouvelle maladie inquiète la communauté scientifique au début des années 1980. D'abord associé à un cancer de la peau, la sarcomatose de Kaposi, le virus qui détruit le système immunitaire de la personne infectée, favorise en fait l'émergence de pathologies fort diverses et presque toujours mortelles. En 1983, le professeur Montagnier, de l'Institut Pasteur, à Paris, isole et définit le VIH (virus d'immunodéficience humaine) responsable du syndrome d'immunodéficience acquise («sida») dont on mesure mal encore la gravité et la rapidité de propagation par relations sexuelles ou transfusion sanguine. Ainsi, au Zaïre, on plaisante sur le «syndrome inventé pour décourager les amoureux», mais les dizaines puis les centaines de morts bientôt recensés dans le monde entier font prendre la mesure

Un continent martyr
Pendant des années, faute de statistiques fiables, les cas de sida (ici, de jeunes enfants atteints par le virus au Zaïre ◄) recensés en Afrique sont largement sous-estimés. Et les campagnes de sensibilisation de la population se heurtent à de nombreux obstacles.

Le drame des transfusés
Il faut attendre 1985 pour que les tests de dépistage des produits sanguins ▼ soient obligatoires dans la plupart des pays industrialisés. En France, 1100 hémophiles ont été contaminés par transfusion.

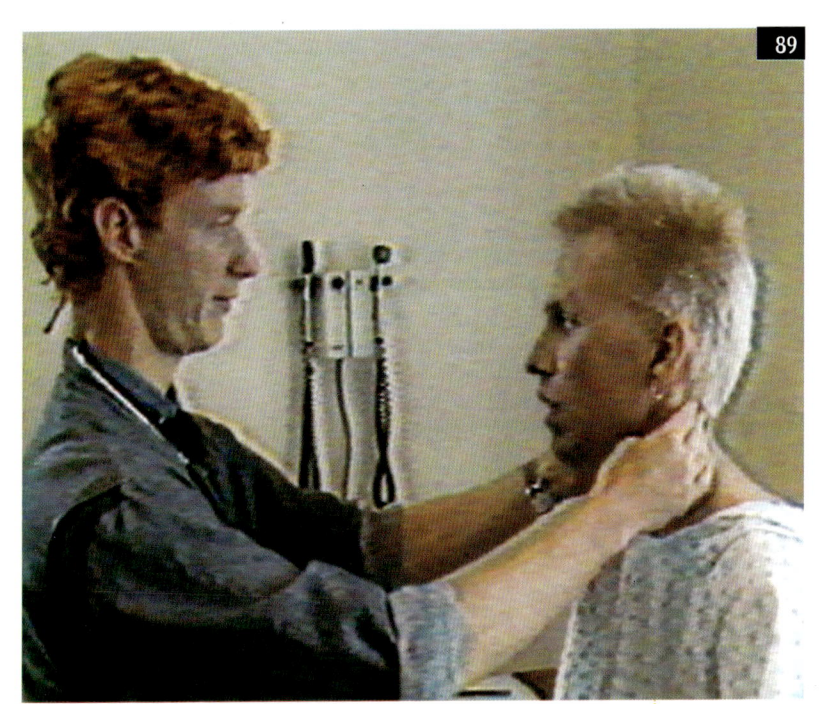

de la pandémie qui s'annonce. En février 1982, les statistiques américaines font état d'une centaine de morts et de 251 malades, essentiellement dans des groupes que l'on dit «à risques» (homosexuels, prostituées, toxicomanes susceptibles d'échanger des seringues infectées).

La facilité des voyages, la libération des mœurs, le tourisme sexuel, le recours presque systématique à la transfusion, les collectes de sang sans vérification d'une possible contamination des donneurs, tout concourt à faire d'une maladie longtemps localisée, et qui est passée presque inaperçue, une pandémie. A la fin des années 1980, l'Organisation mondiale de la santé estime à près de 700 000 le nombre de cas de sida déclarés dans le monde et chiffre celui des séropositifs à 7 ou 8 millions – essentiellement en Afrique et dans le Tiers Monde en général, alors que ce sont surtout les pays riches qui s'inquiètent. Et leurs craintes sont fondées : si de nombreuses équipes cherchent fébrilement à mettre au point un vaccin, aucun traitement n'est encore disponible.

Réalités et fantasmes
Le sida (un malade en traitement ▲) suscite à son apparition de nombreuses rumeurs : on prétend qu'il s'attrape par contact de la peau, par l'air, par le moindre attouchement; les moustiques pourraient transmettre la maladie... En réalité, elle ne se transmet que par la voie sanguine et les relations sexuelles.

L'INFORMATIQUE

L'informatique prend deux directions opposées mais complémentaires dès le début des années 1980. Avec les ordinateurs Cray, elle engage une course à la performance, créant des machines très chères, douées de capacités énormes de traitement de l'information – Cray 1 est le premier ordinateur capable d'effectuer 100 millions d'opérations à la seconde (1981), Cray 2, en 1985, est dix fois plus puissant. En fait, l'informatique profite là des retombées des investissements énormes engagés dans des programmes de recherches militaires liées à l'«initiative de défense stratégique» (dite «guerre des étoiles») du président Reagan. Simultanément, elle s'ouvre vers le grand public, avec des ordinateurs de petit format – les *personal computers* (PC), dont la fin des années 1970 a vu l'émergence – chargés de logiciels compréhensibles par des néophytes (en particulier le traitement de texte Word et le tableur Excel qui dominent rapidement leur marché respectif).

Des applications multiples
La généralisation de l'informatique touche la finance (la salle des marchés de la Bourse de Hong-Kong ▲)

Apple, IBM (*International Business Machines*) et Microsoft entrent dans une concurrence féroce pour se partager un marché potentiellement immense mais dont seuls les spécialistes imaginent alors l'étendue. La firme Apple, dirigée par Steven Jobs et Stephen Wozniak, prend une avance importante, en deux temps, avec Mac Paint, le premier logiciel graphique, puis Mac Write (1984), système très convivial de traitement de texte, tous deux gérés par le Macintosh, inventé la même année. Microsoft, sous la houlette de Bill Gates et Paul Allen, met sur le marché le système d'exploitation Windows (1985), destiné à concurrencer les produits Apple. Des sociétés anciennes telles que IBM, Xerox ou Hewlett-Packard se trouvent soudain en concurrence avec des entreprises très jeunes, très légères, qui, comme Microsoft, préfèrent inventer le *software* (les programmes) que le *hardware*

comme l'industrie, avec la robotique ▲, qui permet d'exécuter des tâches de plus en plus complexes.

(les machines elles-mêmes). D'autres, comme Intel, se spécialisent dans la fabrication des composants.

L'évolution technique des supports, depuis l'invention des microprocesseurs (1972), permet d'intégrer sur la même surface dix fois plus de composants tous les quatre ans. Les méthodes de travail en sont bouleversées partout dans le monde : les places boursières, en particulier, utilisent très vite l'informatique pour multiplier les transactions à l'échelle mondiale en temps réel, favorisant ainsi une intégration des marchés qui préfigure

Une puissance exponentielle
L'informatique ▼ suit la loi de l'un des fondateurs de la firme Intel, Gordon Moore : les processeurs construits ont une puissance qui, en moyenne, double tous les 18 mois.

la «mondialisation» économique des années 1990. Parallèlement, le stockage de l'information est en pleine évolution : dès 1982, Philips et Sony annoncent la mise au point du disque optique numérique, ou CD-rom (*compact disk-read only memory*, «disque compact à mémoire uniquement lisible»), qui peut stocker 650 méga-octets, soit l'équivalent de plusieurs encyclopédies. Mais dans le même registre l'annonce du «disque compact interactif» (1986) s'avère prématurée et sa mise au point va prendre encore quelques années.

L'ère des jeux vidéo
Dix ans après «Pong», le premier jeu vidéo, Sega et Nitendo se partagent le marché mondial des consoles de jeux ◄. 2 millions sont vendus en France en 1989.

LES COMMUNICATIONS

En 1969, le sociologue américain Marshall Mac Luhan a inventé le thème de «village global» pour évoquer une planète soumise à l'irrésistible pouvoir d'images et de sons du monde entier arrivant sur les écrans de télévision et dans les postes de radio. Ce qui aurait pour conséquence de transformer les téléspectateurs passifs en acteurs de l'actualité. De son côté, le Français Guy Debord évoque «la société du spectacle» où les enjeux de la vie de la cité se réduisent à la séduction des médias.

Dix ans plus tard, ces intuitions deviennent réalité. En Europe, la multiplication des images est favorisée par la disparition des monopoles d'Etat et la création de chaînes privées (en particulier celles appartenant au groupe italien de Silvio Berlusconi) soumises à l'impératif d'audience pour attirer les annonceurs publicitaires. En outre avec la généralisation de la télécommande, nombreux sont les téléspectateurs ayant tendance à «zapper», autrement dit à changer de chaîne dès qu'une émission ne parvient plus à retenir leur attention. L'émotion l'emporte ainsi le plus souvent sur l'analyse, le sentiment sur la réflexion, et pour réaliser les meilleurs scores d'audience en période de grande écoute, les programmes tombent souvent dans la facilité voire le racolage. L'information n'est pas non plus à l'abri de certaines dérives : les nouvelles technologies (satellites géostationnaires, câble, antennes paraboliques, compression des images, décodeurs…) permettent de prendre le pouls de la vie des hommes en temps réel mais en autorisent toutes les manipulations. Au début des années 1990, la guerre du Golfe illustrera jusqu'à la caricature, dans sa présentation en Occident, ce qui s'appelait le «bourrage de crânes» lors de la Première Guerre mondiale. Le comble

Nouveaux produits de consommation
1979 : invention du Walkman ▼ par Sony. 1980 : 8 % des foyers ont une télévision à télécommande; 80 % en 1992. 1983 : apparition des caméscopes ▶ et des disques compacts laser ▼, qui succèdent aux vieux vinyles. Après la standardisation des années 1970, les années 1980 voient exploser une consommation culturelle de plus en plus individuelle.

sera atteint avec l'intervention américaine en Somalie, décidée par Washington en 1992 : le débarquement des marines ne sera déclenché que lorsque seront mis en place caméras et projecteurs pour mettre en scène une réalité presque transformée en fiction à l'heure des journaux télévisés, de plus en plus contrôlés par les grands *networks* (les «réseaux» de chaînes américains), tel CNN qui se présentera comme le premier vecteur d'informations de la planète, quand plus de 60 % de l'ensemble des communications mondiales auront leur point de départ aux Etats-Unis.

Mais, dans les années 1980, cet engouement audiovisuel (les enquêtes montrent qu'à la fin de la décennie les Français consacrent chaque semaine 20 heures à la télévision, plus de 10 heures à la radio et à peine 2 heures et demie à la lecture d'un quotidien) ne se dirige pas toujours vers l'audience attendue. Le trop-plein d'images enlève le désir de comprendre : aux Etats-Unis, les informations locales et les faits divers criminels viennent en tête de ce qui touche les téléspectateurs, l'actualité internationale n'intéressant qu'une minorité d'Américains. Un journaliste de CBS News révélera ainsi, des années plus tard, que «l'un des plus mauvais scores d'audience du magazine d'actualité "48 heures" a été celui de la chute du mur de Berlin».

«La société du spectacle»
En 1983, le temps d'audience moyen en France est passé pour la télévision ▼ à 2 heures 30 par jour. Pour Guy Debord, auteur de *La Société du spectacle*, «toute la vie des sociétés dans lesquelles règnent les conditions modernes de production s'annonce comme une immense accumulation de spectacles, tout ce qui était directement vécu s'est éloigné dans une représentation».

OBJETS

Les objets à la mode (surf, roller,
planche à voile, parapente, ULM…)
qui modernisent d'anciennes
technologies, mêlant simplicité
et efficacité, procurent
des sensations fortes.
Parallèlement, la mise au point
de nouveaux modes de transports
collectifs permet de voyager
en alliant confort et vitesse.

LES SPORTS DE GLISSE

Le rêve d'Icare
D'un poids maximal de 150 kg pour un monoplace et 170 kg pour un biplace, le deltaplane ◄ ▼ peut atteindre une vitesse de croisière comprise entre 60 et 80 km/h à condition qu'il ne soit pas face au vent. Sa légèreté et son faible encombrement autorisent atterrissage et décollage sur n'importe quel terrain.

Sport rimait avec effort. Dès l'aube des années 1980, la recherche de la sensation l'emporte sur le travail des muscles.
Le parapente (inventé en 1978) ou le deltaplane, terme né de l'aile en delta qui se substitue au parachute traditionnel, permettent de pratiquer un parachutisme sans avion. L'ULM («ultra-léger motorisé», inventé en 1978, réglementé en 1982), qui rappelle les machines des pionniers de l'aviation, leur associe une technologie contemporaine et des matériaux nouveaux alliant liberté d'évolution et autonomie de vol.

De même, le voilier traditionnel poursuit sa cure d'amaigrissement. Il s'est réduit à une planche et une voile dès 1970, mais la «planche à voile», lourde machine maniable uniquement par des personnes robustes, devient le *fun-board* dès 1980, accessible aux femmes comme aux hommes, qui autorise des décollages impressionnants au-dessus des vagues.

Joie du parapente
On peut désormais s'élancer dans le vide ▲ sans avion.

Economie toujours : à la fin des années 1970, un surfeur américain a eu l'idée du monoski, véritable surf des neiges. Le *snow-board* procure des sensations de glisse supérieures au ski traditionnel. Il s'améliore sans cesse, grâce à l'usage de matériaux composites, mais sera bientôt menacé, à l'aube des années 1990, par le *skwal surf* des neiges, sur le même principe d'une planche unique, mais où les pieds ne sont plus parallèles, mais l'un derrière l'autre.

Même les patins à roulettes traditionnels deviennent des *rollers*. Dès 1979, les fabricants ont pensé à utiliser les roulements à billes des *skate-boards* invendus pour créer un patin en ligne. La souplesse des roues en polyuréthane séduit de nombreux jeunes. Et, un peu partout, on construit des *skate-parks*, structures bétonnées comme des vagues immobiles pour favoriser la vitesse d'exécution et la multiplication des figures.

Affronter les courants
Munis d'une pagaie double, les adeptes du kayak ▼ ▲ comme ceux du raft doivent descendre le plus rapidement possible des tronçons de rivière mouvementées.

AIRBUS ET TGV

Airbus-Industrie, le conglomérat franco-germano-hispano-britannique formé en 1970, rencontre, avec la mise au point de l'A 310 (1982) puis de l'A 320 (1987), un succès commercial défiant les firmes américaines, Boeing en tête, qui contrôlent l'essentiel des commandes des aériennes mondiales. Au printemps 1987, 361 Airbus volent déjà dans le monde, pour le compte de 58 compagnies, et la société européenne conquiert sans cesse de nouveaux marchés : l'A 320 est déjà vendu à 439 exemplaires avant même son premier vol.

Cette coopération européenne exige une formidable synergie : les Super Guppy amènent dans les hangars d'Aérospatiale, à Toulouse, les morceaux gigantesques de carcasses que les techniciens assemblent patiemment. De Grande-Bretagne arrive les ailes, d'Allemagne le fuselage central et arrière, et de Saint-Nazaire le cockpit et le fuselage avant. L'Airbus Skylink est fabriqué en flux tendu, aucune pièce n'est immobilisée plus de deux jours. «Un appareil provincial au gros bide», ironisent les détracteurs de l'Airbus, mais c'est dans sa fiabilité que réside la clé de son succès.

Un avion sur rail
Construit par GEC-Alsthom, le TGV ▲, que l'on reconnaît à sa forme aérodynamique, dessert d'abord le sud-est de la France sur une nouvelle ligne où sa vitesse de croisière atteint 270 km/h.
En mettant Lyon à 2 h de Paris, Marseille à 4 h 40, le succès du TGV est remarquable : de 2 millions en 1981, le nombre de passagers transportés passe à 19 millions en 1990.

Le train plus rapide que l'avion? Pensé en 1965, présenté en maquette grandeur nature en 1972, le TGV («train à grande vitesse») voit le jour à l'aube des années 1980. Le 22 septembre 1981, le président Mitterrand inaugure le TGV Paris-Lyon – les deux villes sont reliées en moins de 2 heures, de centre à centre, par un train qui atteint 380 kilomètres à l'heure pendant les essais… Le TGV Atlantique bat tous les records de vitesse, avec 482 kilomètres à l'heure le 5 décembre 1989, puis 515,3 le 18 mai 1990 – oubliés, le Shinkansen japonais ou l'Inter-City-Express allemand. Une troisième ligne TGV, vers le nord de l'Europe, desservant Bruxelles et Londres *via* Lille, sera inaugurée en 1995.

Les limites du progrès
Biréacteur de 150 places, l'Airbus 320 ▲ utilise une aide à la navigation par ordinateur qui vient seconder le pilote. Mais des erreurs graves de pilotage sont encore possibles comme le montre la catastrophe d'Habsheim le 26 juin 1988 ▼ ▲.

LE CULTE DU CORPS

De la minceur
La diététique s'apprend dans les livres ou dans les réunions de groupe.

Plus qu'à tout autre moment du siècle, se diffuse en Occident une certaine conception de la beauté des corps : ventre plat, silhouette élancée, souplesse des muscles. Des icônes du cinéma des années 1960, comme Raquel Welch ou Jane Fonda, lancent leurs programmes de remise en forme sur vidéo, popularisant le *work-out* et l'aérobic, cette gymnastique initialement destinée par le docteur Kenneth Cooper, dans les années 1960, à l'échauffement des GI's lors de l'entraînement, remise au goût du jour avec un accompagnement de musique disco. A l'inverse, des vedettes de la musculation, comme Arnold Schwarzenegger, deviennent acteurs de cinéma. En 1982, la télévision française se lance, avec

«Gym Tonic», à la conquête de ce même marché, amenant le *fitness* dans chaque foyer. Le dépassement de soi, l'équation beauté = santé, la nécessité de souffrir pour être beau, marquent les années 1980.

La vogue du *jogging* se développe, le cyclisme revient à la mode, les sports de glisse (ski, surf) attirent de nouveaux adeptes et dans les villes se multiplient les instituts de remise en forme : harnachés de combinaisons colorées (car le *look*, tel que les miroirs des salles spécialisées le reflètent, est essentiel), les femmes, haltères légers aux poings, font de l'aérobic ou du *step-dancing*, les hommes de la musculation, les uns et les autres courant sur place sur des tapis roulants. Les machines d'entraînement se font plus complexes.

Cette mode se complète dans les instituts de beauté par le remodelage des visages et des corps, l'utilisation de nouvelles molécules antivieillissement, et chez les diététiciens, qui lancent de nouvelles lignes de produits amincissants.

Sculpture de soi
L'aérobic consiste en un enchaînement de mouvements ▼ ◄ rythmés par une musique disco. Il permet l'oxygénation du corps dans la bonne humeur. Mais pour être beau, il faut aussi souffrir. Les gymnases s'équipent en matériel de pointe, mais rien ne remplace l'haltérophilie ► ▼ pour se faire des biceps d'acier !

IMAGES

«Skyline» de Hong-Kong, mariages princiers à Londres, écologie et droits de l'homme, commémorations et négations de futurs possibles, violences des stades, déchaînement des éléments et nuages toxiques... Entre carnet rose et série noire, les images se transforment en souvenirs ou en cauchemars.

MEXICO

Bâtie sur le site de l'ancienne cité aztèque de Tenochtitlán, à 2277 m d'altitude, Mexico devient au cours des années 1980 la ville la plus peuplée du monde, avec près de 20 millions d'habitants (contre 4 millions et demi en 1960). Les différences y sont considérables entre les quartiers résidentiels ▶ environnant Chapultepec, les vestiges coloniaux du centre, les immeubles cossus du Paseo de La Reforma ou les maisons peintes de San Angel et les bidonvilles (à gauche ◀) à la périphérie. Cette cité tentaculaire, qui regroupe une partie essentielle des industries du pays, porte au paroxysme tous les problèmes de la croissance urbaine : manque de logements, engorgement du système scolaire, insécurité, saturation de la circulation automobile ◀, pollution, etc. Elle doit de plus se protéger de tremblements de terre meurtriers, tel celui du 17 septembre 1985 qui fait plus de 20 000 victimes.

TERRES DES HOMMES

Dans les années 1980, nombreux sont ceux qui ont perdu confiance dans les grandes organisations internationales; à leurs yeux la diplomatie sert plus à gérer les indignations qu'à faciliter l'application des principes de justice et d'équité à travers le monde. Méfiantes vis-à-vis des grandes idéologies du siècle, ayant souvent une bonne connaissance des médias, rassemblant des volontés individuelles, soucieuses d'efficacité, les ONG (organisations non gouvernementales) s'impliquent dans les combats contre la faim, le sous-développement, le racisme (création en France de SOS Racisme en 1984 à l'occasion de la campagne «Touche pas à mon pote»), dénonçant les pays qui pratiquent la peine de mort, la torture, l'emprisonnement arbitraire ou tout autre acte contraire à la dignité et aux droits de l'homme.

Créée en 1961 par Sean MacBride et Peter Benenson, prix Nobel de la paix en 1977, Amnesty International, par l'exposé de cas précis de tels comportements, grâce

Mort à la peine de mort
Luttant notamment contre la peine de mort ▲, Amnesty International ▶ revendique, en 1989, 1 million d'adhérents qui, organisés en groupes locaux, parrainent des prisonniers politiques partout dans le monde.

à un réseau tissé à travers le monde, parvient, par ses actions et l'écho de son Rapport annuel, à influencer des gouvernements et à sauver des vies.

Egalement d'origine anglo-saxonne, Greenpeace, créée en 1971 à Vancouver sous l'impulsion de David McTaggart, devient le mouvement fédérateur des indignations face à tout ce qui serait susceptible de nuire à l'équilibre écologique de la planète : chasse aux bébés phoques, déforestation, pollution, essais nucléaires... De toutes nationalités, les membres de Greenpeace, embarqués sur leur navire, le *Rainbow Warrior*, tentent de s'interposer entre les bateaux de pêche et les baleines ou d'empêcher l'immersion de déchets nucléaires. En juillet 1985, afin de barrer la route à l'organisation qui tente de se rendre sur le site de Mururoa et d'y protester contre la reprise des expériences atomiques françaises, les services secrets français coulent le *Rainbow Warrior* dans le port néo-zélandais d'Auckland, ce qui déclenche une grave affaire politico-diplomatique.

Les combattants de l'arc-en-ciel
Lors de l'affaire du *Rainbow Warrior* ▲, Paris accrédite la thèse que la France est la principale cible de Greenpeace, forte de 1,2 million de membres en 1985. Il n'en est rien : une majorité des 150 actions que revendique l'organisation entre 1970 et 1985 visent en réalité des pays anglo-saxons (ici, contre le nucléaire à Londres ▼).

CARNET ROYAL

«I will», murmure lady Diana dans la cathédrale Saint-Paul, ce 29 juillet 1981. Pour le meilleur et pour le pire, lady Diana Spencer, celle que l'on appellera partout «Lady Di», épouse Charles ▶, fils aîné de la reine Elisabeth. Il fait beau, et la traîne gigantesque de la jeune mariée (7,60 m) éclate de blancheur au soleil. Les années 1980 sembleront faciles pour cette jeune femme qui accouche successivement de deux garçons. On ne saura que bien plus tard que tout n'est pas rose à Kensington Palace. Le 23 juillet 1986, le second fils d'Elisabeth, Andrew, épouse dans l'abbaye de Westminster Sarah Ferguson, dorénavant duchesse d'York. Là encore, l'exubérance naturelle de la jeune femme s'accommode mal des rites compassés de la cour d'Angleterre. Avec la mort de la duchesse de Windsor, le 24 avril 1986, c'est l'une des plus célèbres histoires d'amour du siècle qui

s'achève. Pour elle, Edouard VIII avait renoncé au trône d'Angleterre après onze mois de règne et accepté de ne plus être que David, duc de Windsor. Deux mariages, un enterrement... Le 13 septembre 1982, la princesse Grace, l'épouse de Rainier III de Monaco, se tue au volant de sa voiture (le prince Rainier, son fils Albert et sa fille Caroline lors des obsèques ▶). Avec elle, c'est à la fois une tête couronnée et l'actrice mythique des films d'Alfred Hitchcock qui disparaissent. Mais le «Rocher» des Grimaldi ne quitte pas pour autant la couverture des magazines, désormais occupée par les images des deux princesses, Caroline et Stéphanie. Autres figures moins «glamour» mais tenant bien leur rôle de chef d'Etat, Béatrix de Hollande (▼ en haut à droite), qui succède en 1980 à sa mère Juliana, et Juan Carlos d'Espagne ◀ qui s'est affirmé garant du retour de la démocratie en Espagne.

LA MODE DES EXTRÊMES

Le baroque moderne
Après cinq années passées chez Jean Patou, Christian Lacroix (▼ avec ses mannequins lors d'un défilé) crée sa maison en 1987. Son art de mélanger les tissus et les couleurs ◄ dans un constant souci du raffinement lui vaut une grande renommée.

Double griffe
A la tête de Chanel depuis 1981, Karl Lagerfeld crée en parallèle sa maison en 1984 en apportant sa touche personnelle sur la base d'un grand clacissisme ▼.

« No future!» proclament toujours les *punks* des années 1980. Renchérissant sur la laideur du monde, comme ils disent, ils adoptent le *piercing*, sculptent leurs cheveux en crêtes, se décorent de chaînes et pour certains poussent la provocation jusqu'à arborer la croix gammée. Mais les Sex Pistols se sont autodissous, et Clash date déjà. Les *punks* sont concurrencés par la mode *hobo*, «clocharde», qui sévit au début de la décennie – complets chics portés tachés et dépenaillés, coiffures échafaudées en savantes catastrophes, longues mèches cisaillant le visage, et, dans les oreilles, les tubes de Depeche Mode, de Culture Club et de Cure.

Jean-Paul Gaultier, le couturier phare des années 1980, sait se rappeler toutes ces modes de la rue dans son premier défilé, en 1984, intitulé «L'homme-objet», où pour la première fois on propose des jupes aux branchés parisiens (3 000 exemplaires vendus). Sous la pression des stylistes italiens, au premier rang desquels Giorgio Armani, qui habille Richard Gere dans *American Gigolo* (1980), le complet «classique» (mais repensé) revient en force. Après avoir été déstructuré (par les stylistes japonais, comme Yamamoto Yohji), allégé, dépareillé, le costume (croisé) rentre en grâce, avec Cerruti ou Hugo Boss. Les *yuppies* (*young urban professionals*) de Wall Street et d'ailleurs s'habillent strict : rigueur anglaise mâtinée d'aisance italienne. L'élégance est de retour. Après la chasse au *look* du début de la décennie, il faut désormais s'habiller comme un leader – tel le héros arrogant incarné par Oliver Stone dans *Wall Street* (1987).

«L'enfant terrible de la mode»
A l'image de la chanteuse Cher qui arbore des coiffures exubérantes ◄, Jean-Paul Gaultier (▼ en bas, à l'issue d'un défilé) aime détourner avec amusement et provocation les conventions. Il lance notamment la jupe pour homme et le pantalon paréo ▼.

Jean-Paul Gaultier lui-même évolue, et habille Madonna d'un costume d'homme sombre sur un corset saumon, pour sa tournée de 1990 : «La poitrine transperce la veste, c'est le pouvoir et la sensualité réunis.»

TRAGÉDIES DES STADES

Octobre 1982, stade Loujniki, Moscou : 99 morts. Mai 1985, stade du Heysel, Bruxelles : 38 morts. Ce même mois, stade de Bradford : 53 morts. Avril 1989, stade de Hillsborough, Sheffield : 94 morts. Le foot tue.

Il est le seul sport qui dévore ainsi ceux qui l'adorent. A chaque fois, la même combinaison de passions exacerbées, d'alcool et de volonté de défoulement concourt à transformer des supporters en hooligans. L'Angleterre est le pays le plus touché par ces déferlements de violence. La crise du vieux cœur industriel du pays, de Sheffield à Liverpool, de Manchester à Birmingham, a contribué à n'offrir comme seul horizon à de jeunes supporters que celui des couleurs de leurs équipes favorites.

Au stade du Heysel, ce 29 mai 1985, le match, finale de la Coupe d'Europe des clubs, oppose la Juventus de Turin aux Reds de Liverpool. Les hooligans anglais agressent les supporters de l'équipe de Turin (des belges d'origine italiennne pour la plupart) qui, sous la menace et les coups, cherchant à fuir un stade fermé comme une nasse, s'écrasent les uns les autres. Le match aura lieu tout de même, quelques instants plus tard, tandis que le bilan, à chaque seconde, s'alourdit. «Dans l'état d'excitation hystérique où se trouvaient les supporters des deux camps ennemis, écrira plus tard Michel Platini, capitaine de la Juve, tous auraient envahi la pelouse. Les combats auraient repris, encore plus sanglants.» La décision de continuer de jouer suscitera la polémique. Mais Michel Platini, vainqueur, refusera de faire le tour d'honneur : «De toute façon, cette nuit-là, sur ce stade du Heysel, l'honneur avait sombré quelque part.»

Les clubs anglais, condamnés pendant cinq ans à ne plus quitter leur île, se déchireront désormais entre eux. Le stade de Chelsea, pour contenir ses 50 000 supporters réguliers, s'entoure un temps d'une clôture électrique : «Il faut traiter les animaux comme tels», s'écrie un député conservateur. «Si nous continuons à traiter les gens comme des animaux, riposte le président du club de Chelsea, ils deviendront des animaux.»

Tribunes en flammes
Le 11 mai 1985, le feu se déclare dans les tribunes ▼ ► du stade de Bradford où se déroule un match de championnat d'Angleterre et provoque la panique ▼. On dénombre 53 morts et 200 blessés.

Quel coupable?
Aux 38 morts du stade du Heysel s'ajoutent 454 blessés ►. La violence des hooligans anglais n'est pas seule en cause. Les organisateurs ont placé côte à côte les supporters des deux équipes alors que les forces de l'ordre faisaient défaut.

113

BHOPAL ET TCHERNOBYL

Le Tiers Monde : une poubelle ?
Alors qu'aucun des systèmes de sécurité de l'usine d'Union Carbide ▼ n'a pu retenir le nuage toxique, la direction ne donne l'alerte qu'une heure après, sans proposer aucune mesure de protection.
La catastrophe de Bhopal ◄ révèle un phénomène global, l'exportation par les pays développés vers le Tiers Monde des risques industriels. De plus, certaines sociétés profitent des réglementations peu contraignantes pour y exporter leurs déchets toxiques (20 millions de tonnes par an dans les années 1980). Ainsi, dans le cas extrême de la Guinée-Bissau, les sommes retirées de ce trafic atteignent le niveau du PNB du pays.

Deux désastres, au cours des années 1980, semblent indiquer que les écologistes, qui depuis longtemps alertent les gouvernements et les opinions publiques, ont raison.

A Bhopal, en Inde, le 3 décembre 1984, des réservoirs de l'usine de pesticides du groupe américain Union Carbide laissent échapper de l'isocyanate de méthyle – un gaz mortel. Dans la nuit, il y a déjà 1750 morts, des dizaines de milliers de blessés, qui, aveuglés par le gaz toxique qui s'est répandu sur 40 kilomètres carrés, errent à travers les rues de la cité. Nombre d'entre eux mourront dans les semaines, les mois ou les années qui suivent. Les autres resteront aveugles. Et on ne compte pas les animaux tués en même temps – la seule richesse de bien des familles dans cet Etat agricole du Madhya Pradesh. Arrêté, puis libéré, le directeur de l'usine propose 1 million de dollars aux victimes. L'estimation la plus basse des dommages s'élève à 45 milliards de dollars.

Le 26 avril 1986, la centrale nucléaire de Tchernobyl, en Ukraine, explose : le graphite au cœur du réacteur s'est enflammé, l'eau utilisée pour l'éteindre devient un mélange détonant d'oxygène et d'hydrogène, le cœur du réacteur fond, un gigantesque nuage en forme de sapin s'élève au-dessus de la centrale et, au gré des vents, parcourt toute l'Europe occidentale; 5 millions de personnes sont plus ou moins exposées aux radiations. Le nombre de morts immédiats est faible (officiellement, 32), mais celui des personnes irradiées avoisine 1,7 million. Quinze ans plus tard, des cancers, de la thyroïde en particulier, affectent des centaines de malades touchés par les émanations, invisibles, de Tchernobyl (plus de 6 000 cas mortels recensés).

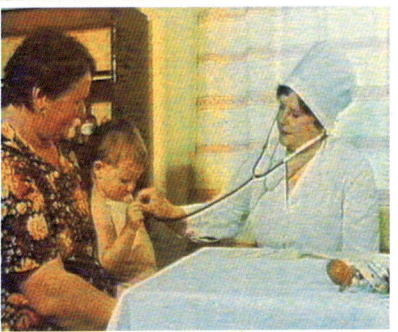

Désinformation?
Officiellement, en 1993, 168 cas de cancers seront recensés autour de Tchernobyl ▼ ▲. En réalité, on comptera, en 1999, 800 cancers de la thyroïde parmi les enfants exposés.

LA MORT AVEUGLE

Les années 1980 sont fertiles en drames. Catastrophes naturelles en Italie du Sud (1980), à Mexico (21 septembre 1985) ou en Arménie (7 décembre 1988), où des tremblements de terre font des milliers de morts. En Colombie, le 16 novembre 1985, l'activité volcanique exceptionnelle du Nevado del Ruiz fait fondre la calotte glaciaire qui couronnait son faîte : une énorme masse liquide se précipite en un torrent de boue dans la vallée. On ne saura jamais exactement combien de milliers de paysans, ensevelis à tout jamais, sont morts dans cette catastrophe. Mais les médias du monde entier ont diffusé, en direct, l'agonie de la petite Omayra, coincée dans une excavation, bloquée par une dalle de ciment, lentement englouties malgré tous les efforts des secouristes pendant plus de soixante heures.

Les marées noires deviennent le nouveau fléau du siècle : le pétrole sorti des soutes de l'*Exxon Valdez* au printemps 1989 touche les côtes de l'Alaska. Autre catastrophe, en mer : une

Explosion
En avril 1989, en URSS, un gazoduc longeant une voie ferrée explose, alors que passe un train de voyageurs ▶ : 600 morts.

L'Arménie tremble, l'URSS s'ouvre
Lors du séisme arménien de 1988 (55 000 morts), l'URSS accepte pour la première fois l'aide occidentale ▼.

Sous les eaux
En août-septembre 1988, les inondations du Gange, à la suite de la mousson d'été, noient les trois quarts du Bangladesh ▶. Pluviosité et déforestation en sont les principales causes.

plate-forme de forage chavire en mars 1980 au large des côtes norvégiennes, faisant 150 morts.

Les tragédies aériennes marquent l'année 1985, avec l'écrasement de deux Jumbos (l'un en Inde avec 326 morts, l'autre au Japon avec 524 personnes à bord). D'autres avions sont victimes de missiles ou d'attentats : un Boeing 747 sud-coréen abattu par les Soviétiques en août 1983 (269 morts), un Airbus iranien abattu par erreur par les Américains dans le Golfe (juillet 1988, 290 morts), un Boeing 747 américain s'écrasant en Ecosse en décembre 1988, un DC 10 français explosant en septembre 1989 au-dessus du Ténéré (430 morts au total). Dans le même registre d'actes terroristes, tuant aveuglément, il faut aussi mentionner les attentats à Paris (en 1982 et de décembre 1985 à septembre 1986), touché par les retombées des conflits au Moyen-Orient.

La décennie voit revivre une tragédie mythique, lorsqu'en 1985 une expédition franco-américaine retrouve par 4000 mètres l'épave du *Titanic*, coulé en 1912.

Terrorisme
Les populations civiles deviennent la cible privilégiée du terrorisme international, responsable de 234 attentats dans le monde entre 1981 et 1985 (l'une des victimes de l'attentat de la rue de Rennes à Paris en septembre 1986 ▶).

Naufrages
En 1987, le *Herald of Free Enterprise*, reliant la Belgique et la Grande-Bretagne, se retourne ▼ : 188 morts. La polémique sur la sécurité à bord des car-ferries est relancée, un mois après la signature du traité décidant la construction du tunnel sous la Manche.

LE BICENTENAIRE

Le 14 juillet 1789, en fin d'après-midi, la Bastille tombait. Le 14 juillet 1989, en début de soirée, s'élance sur les Champs-Elysées un gigantesque carnaval coloré, point d'orgue des manifestations du bicentenaire de la Révolution.

Réalisateur de films publicitaires, Jean-Paul Goude anime cette «Marseillaise», de l'Arc de Triomphe à la Concorde, qui met en scène tous les peuples de la Terre : Italiens du Palio de Sienne, Chinois silencieux portant le deuil de Tianan men, Anglais sous la pluie, Russes sous la neige, Américains sous les confettis... et mille deux cent cinquante tambours amateurs venus de toute la France. Jessye Norman, drapée en bleu-blanc-rouge, chante *La Marseillaise, a capella*. Un million de spectateurs, huit cents millions de téléspectateurs : la commémoration de l'événement se veut une fête mondiale.

Les festivités ont commencé en juin par une célébration en l'honneur de Toussaint-Louverture, héros de la lutte contre l'esclavage; elles se sont poursuivies par l'anniversaire de la tour Eiffel, construite cent ans auparavant lors de l'Exposition universelle de 1889. Le 13 juillet, l'Opéra-Bastille est inauguré ainsi que la Grande Arche de la Défense où le président Mitterrand invite quarante chefs d'Etat, écrivains et artistes pour célébrer l'événement. Le lendemain 14 au matin, se tient un sommet du G7 (les sept pays les plus industrialisés) qui se penche pour la première fois sur les questions d'environnement et de drogue à l'échelle du monde.

Quelle révolution?
Au grand dam de certains historiens qui auraient souhaité célébrer l'ensemble de la Révolution, les festivités du bicentenaire ▶ ◀ ne concernent que les événements de l'année 1789.

Grandiose défilé
Au traditionnel défilé militaire du matin (ouvert par la patrouille de France ▲) succède une grande parade qui réunit quelque six mille danseurs et figurants. En clôturant la fête, les cheminots de *La Bête humaine* de Zola ▶ y symbolisent avec d'autres la France.

119

EXPLOITS

QUE CE SOIT POUR L'ARGENT
LA SOIF DE VAINCRE OU L'ORGUEIL
DE COULEURS À PORTER, LE SPORT INSCRIT
DE NOUVELLES PAGES DE LÉGENDES.
ET LES OCÉANS, LES AIRS OU LES GLACES
DES PÔLES REDEVIENNENT DES LIEUX
DE DÉFI LE PLUS SOUVENT SOLITAIRES.

PALMARÈS EN OR

Parmi les rendez-vous rituels de tous les programmes sportifs du monde, se sont défitivement inscrits les grands tournois du tennis professionnel (et prioritairement ceux du «Grand Chelem» de Wimbledon, Roland Garros, Flushing Meadow et les Internationaux d'Australie) qui côtoient à l'antenne les retransmissions du cyclisme, dont l'épreuve reine reste le Tour de France.

Après la retraite de Bjorn Borg en 1981 qui a dominé, aux côtés de Jimmy Connors, le tennis des années 1970, vient le temps d'une nouvelle génération avec l'Américain John MacEnroe, le Tchèque Ivan Lendl – qui reste 270 semaines en tête du classement mondial et remporte huit fois un tournoi du Grand Chelem –, l'Américain André Agassi, le Français Yannick Noah, le Suédois Mats Wilander, l'Allemand Boris Becker qui fascine par sa jeunesse (il gagne la finale de Wimbledon à l'âge de 17 ans) et sa force de balle.

Côté femmes, Martina Navratilova et Chris Evert Lloyd se partagent les victoires dans la première moitié des années 1980. Puis ce sera le tour de l'Allemande Steffi Graf, dotée d'un jeu de jambes exceptionnel et d'un coup droit dévastateur, qui remporte le Grand Chelem en 1988. Mais le tennis devient de plus en plus exigeant au regard de la puissance des coups qui sont échangés et soumet les corps à rude épreuve. De nombreux champions quittent prématurément les courts, comme l'Américaine Tracy Austin qui, après avoir été numéro 1 mondiale, doit se retirer à 20 ans en raison de problèmes de dos.

En cyclisme, les champions ne sont pas non plus à l'abri de «claquages». Bernard Hinault, nommé «le Blaireau» pour ses qualités de lutteur, qui règne sur le cyclisme depuis 1978, est contraint, suite à une blessure, de se retirer du Tour de France 1980 (remporté par le Néerlandais Joop Zoetemelk) mais il gagne de nouveau en 1981, 1982 et 1985, égalant ainsi le record de Jacques Anquetil et d'Eddy Merckx. Le Tour se rajeunit avec la victoire en 1983 du coéquipier de Bernard

Les battantes
Le palmarès de Martina Navratilova (▼ à droite) est impressionnant : 6 victoires consécutives à Wimbledon de 1982 à 1987. Après avoir gagné à Roland-Garros en 1982 et 1984, elle s'incline cependant face à Steffi Graf (▼ à gauche) en 1987.

La victoire tant attendue
Lorsque Yannick Noah ▲ remporte Roland-Garros en 1983 face à Mats Wilander, la France est en fête.

Hinault, Laurent Fignon, âgé de 23 ans seulement, et acquiert une renommée internationale qui attire les Anglo-Saxons : l'Irlandais Stephen Roche le remporte en 1987, et l'Américain Greg LeMond en 1986, 1989 et 1990.

Le Tour ne cesse de se transformer, devenant une énorme organisation avec chaque année plus de 2 000 personnes et 800 véhicules sur les routes, et il échappe de moins en moins aux problèmes du dopage : il s'en faut de peu pour que en 1988, l'Espagnol Pedro Delgado, contrôlé positif, ne soit privé de sa victoire. Depuis 1984, les femmes disputent un autre Tour de France dans lequel la française Jeannie Longo s'impose trois années de suite de 1987 à 1989.
Aux championnats du monde cyclistes, on retrouve les maillots jaunes du Tour, dont Greg LeMond, deux fois vainqueur (en 1989 et 1990). Quant aux records, ils sont sans cesse battus, avec notamment l'Italien Francesco Moser, vainqueur du *Giro* en 1984, qui est le premier à dépasser les 50 kilomètres lors du record du monde de l'heure sur piste.

Forçats des routes
Le Breton Bernard Hinault (▲ ici à l'Alpe d'Huez devant l'Américain Greg LeMond) domine le Tour de France jusqu'en 1985. En 1983, c'est cependant son coéquipier Laurent Fignon qui profite de son absence sur blessure pour s'imposer. En 1986, Greg LeMond crée l'événement en devenant le premier Américain à gagner le Tour.

PARIS-DAKAR

Il y a eu la Croisière noire avant la guerre puis les années du rallye Alger-Le Cap du temps d'une colonisation qui affirmait par ses machines sa domination du continent noir. Bien des années après le temps des indépendances, l'Afrique est redevenue pour l'industrie automobile une terre d'exploits. En 1978, a ainsi été créé le rallye Paris-Dakar ouvert aux amateurs et aux professionnels, aux automobiles ◄, camions ◄ et motos ◄. Cette longue épreuve (de 10 000 à 15 000 km) qui traverse le Sahara, parsemée d'embûches, devient rapidement le grand rendez-vous annuel des constructeurs à la recherche d'une victoire valorisante pour leur image de marque. La forte médiatisation de la course offre ainsi des images mêlant l'exotisme, la technique et la vitesse, auxquels s'ajoute un lot d'incidents ou d'accidents spectaculaires. La tragédie est parfois au rendez-vous, ainsi lorsque s'écrase, le 14 janvier 1986, l'hélicoptère de Thierry Sabine, fondateur de l'épreuve, accompagné de trois autres passagers dont le chanteur Daniel Balavoine. Aussi, malgré les précautions prises, des morts sont parfois à déplorer dans les villages africains, au passage de véhicules lancés à pleine vitesse. Ces victimes ainsi que ces dizaines de véhicules de compétition accompagnés de leurs camions d'assistance, d'hélicoptères ou de petits avions dans les espaces déshérités du Sahel choquent une partie de l'opinion. Même si le «Dakar» est réellement un exploit sportif (les victoires d'Ari Vatanen en 1987 et 1989 sont là pour en témoigner) et que l'épreuve prend l'habitude d'inclure dans son parcours des actions humanitaires, le rallye donne souvent l'impression de prendre l'Afrique pour un terrain de jeu.

JEUX OLYMPIQUES, ENJEU POLITIQUE

Depuis les années 1970, les jeux Olympiques, sensibles aux tensions et à la compétition entre les deux Grands, alternent les boycotts. L'invasion de l'Afghanistan par l'URSS entraîne celui des Jeux de Moscou par les Etats-Unis et 57 Etats. Leur absence profite aux pays de l'Est. L'URSS remporte ainsi 80 médailles d'or, sur 220. Son héros est le gymnaste Alexandre Ditiatine, qui gagne 8 médailles, dont 3 d'or. Présents à Moscou, les Britanniques réalisent un beau

Grandes parades
Le samedi 19 juillet 1980, plus de 100 000 personnes assistent au stade Lénine ▼ à l'ouverture des Jeux pourtant boycottés par plus de 50 pays.

doublé aux 800 et 1 500 mètres (Ovett et Coe), alors que les Français repartent avec 6 médailles d'or dont deux en judo.

Quatre ans plus tard, c'est au tour des pays de l'Est de boycotter les jeux Olympiques qui se tiennent à Los Angeles. Les Américains raflent encore plus de médailles d'or (83) grâce à une équipe exceptionnelle. Le plus grand de tous est Carl Lewis qui remporte 4 médailles (100 et 200 mètres, saut en longueur et relais 4 x 100 mètres) rejoignant dans la légende Jesse Owens. D'autres athlètes réalisent des exploits, comme Edwin Moses qui remporte son 150e 400 mètres haies ou Dailey Thompson, héros du décathlon. Surprenante, la Roumanie de Nicolae Ceausescu finit deuxième des Jeux avec 53 médailles. La France fait pâle figure avec 28 médailles. Les Jeux de Los Angeles sont aussi ceux de l'argent et des sponsors qui font affluer les capitaux, rendant l'opération très rentable et la transformant en un show vu par plus de deux milliards et demi de spectateurs.

Les Jeux de 1988 à Séoul réunissent cette fois les deux Grands et les exploits sont au

Tout puissant CIO
Le Comité international olympique, dirigé depuis 1980 par l'Espagnol Juan Antonio Samaranch ▼, désigne les villes qui accueillent les Jeux (ici le choix de Barcelone en 1986), une décision qui met en jeu d'énormes intérêts financiers.

rendez-vous. Si les Soviétiques brillent notamment avec la victoire au saut à la perche de Sergueï Bubka qui frise les 6 mètres, les athlètes nord-américains ne sont pas en reste. Florence Griffith-Joyner, métamorphosée par l'entraînement, réalise le doublé aux 100 et 200 mètres. Le 100 mètres masculin retient toutes les attentions. Il est remporté contre toute attente par le Canadien Ben Johnson devant l'Américain Carl Lewis; mais trois jours plus tard, convaincu de dopage, le vainqueur perd son titre. D'autres brutales destitutions, pour les mêmes raisons, auront lieu plus tard…Et la mort prématurée de Florence Griffith-Joyner, en 1999, laissera planer des doutes sur l'authenticité de ses exploits.

Les Jeux d'hiver connaissent aussi des champions d'exception. En patinage, la très gracieuse Allemande de l'Est Katarina Witt remporte le titre en 1984 à Sarajevo et quatre ans plus tard à Calgary. En danse sur glace, le couple américain Torvill et Dean survole la décennie, réalisant notamment un superbe duo sur le *Boléro* de Ravel. En patinage de vitesse, la Néerlandaise Enke remporte en 1984 2 médailles d'or et 2 d'argent. En ski, les champions se succèdent. Ingmar Stenmark domine en 1980, les frères Mahre en 1984 et en 1988 le trio Tomba, Zurbriggen et Piccard se partage les médailles.

Duel explosif
Après un départ fulgurant en finale du 100 mètres à Séoul (▼ page de gauche, image de gauche, la flamme olympique), Ben Johnson (▲ à gauche, le bras levé) pulvérise le record du monde en 9" 79. Mais le triomphe se transforme en scandale lorsqu'un contrôle antidopage révèle la présence d'anabolisants dans son sang. Le vrai vainqueur est bien Carl Lewis qui, avec 9 médailles d'or aux jeux Olympiques, détient un palmarès unique.

BALLON ROND, BALLON OVALE

Le football, sport le plus populaire au monde, porte en lui des enjeux multiples. National, lorsque le destin d'une équipe se confond avec celui d'un pays dont elle peut servir la propagande et atténuer des tensions internes (ainsi de l'Argentine championne du monde à Mexico en 1986). Local, quand toute une population s'identifie à un club, en célèbre les rites par des chansons et des slogans, en adopte les couleurs et parfois se prête à des mises en scène comme celle de l'Argentin Diego Maradona se présentant sur la pelouse du stade de Naples après son transfert pour un montant de 15 milliards de lires. Publicitaire, lorsque les joueurs portent les maillots marqués du nom de sponsors espérant un fort retour d'image de matchs de plus en plus nombreux à être retransmis à la télévision. Devenant de plus en plus professionnel, marqué par des tragédies, parfois provoquées par

Planète rugby
Les «All Blacks» ▶ (Nouvelle-Zélande) sont devenus une équipe mythique chantant en début de match le *haka*, un chant guerrier maori. C'est d'ailleurs parfois la «guerre» sur le terrain, comme dans ce match contre l'Afrique du Sud en 1981 ▼.

les violences de hooligans déchaînés (dans les stades du Heysel en 1985 et de Sheffield en 1989), le football demeure malgré tout un spectacle exceptionnel. L'émotion est grande lorsque évoluent sur la pelouse l'Argentin Diego Maradona, le Français Michel Platini, l'Italien Paolo Rossi et des dizaines d'autres, virtuoses du ballon rond, gloires nationales connues dans le monde entier et attachant aux clubs où ils évoluent des centaines de milliers d'abonnés fidèles n'envisageant pas l'existence sans les rendez-vous hebdomadaires de leurs couleurs fétiches.

Le monde du rugby, plus limité à quelques zones géographiques, voit s'affirmer la supériorité des équipes de l'hémisphère Sud sur celles de l'Europe, qui chaque année s'affrontent lors du tournoi des Cinq Nations. En 1987, la première finale d'une coupe du monde de rugby (où s'illustre l'Australie mais en l'absence de l'Afrique du Sud boycottée pour cause d'apartheid) voit ainsi le triomphe des «All Blacks» de Nouvelle-Zélande contre une valeureuse équipe de France.

Victoires latines
Après avoir gagné chez elle en 1978, l'Argentine de Diego Maradona ▲ remporte sa deuxième Coupe du monde au Mexique en 1986 face à l'équipe de RFA. L'Italie s'impose en Espagne en 1982 mais elle perd chez elle face à la RFA en 1990. Moins chanceuse est l'équipe de France, menée par Michel Platini, qui échoue à deux reprises (1982 et 1986) en demi-finale.

LES NOUVEAUX CONQUÉRANTS DE L'EXTRÊME

Les espaces restent les mêmes (océans, pôles, sommets de montagne) et les rêves de leur conquête agitent toujours autant les imaginations. Alors que les progrès techniques permettent de les survoler, de les contrôler, de les parcourir rapidement et sans risques, hommes et femmes ne s'en contentent pas et souhaitent en revenir à l'exploit individuel, solitaire, insolite.

Galère en solitaire
En ramant quinze heures par jour, Gérard d'Aboville ▲ parvient, en 1981, à traverser l'Atlantique, non sans avoir chaviré à cinq reprises. En 1991, il tentera le même exploit sur le Pacifique, entre le Japon et la côte ouest des Etats-Unis.

Agilité au sommet
Puissance, souplesse et grâce, Isabelle Patissier ▼ danse sur la roche à la force des mains. Lors de rencontres internationales, avec Catherine Destivelle, elles affrontent la rude concurrence des Américaines Lyhn Hill et Robin Erbesfield.

Le Français Stéphane Peyron se fait ainsi une spécialité de la planche à voile. Sur l'une, équipée d'un espace pour dormir, il traverse l'Atlantique sans assistance en 47 jours de navigation, partant de New York le 10 juin 1987 et arrivant à La Rochelle le 26 juillet. Sur une autre, également aménagée, il s'illustre en rejoignant le pôle Nord. Un autre Français, Jean-Louis Etienne, se donne le même objectif arctique et, sur les traces des grands ancêtres du début du siècle mais avec les ressources de décennies de progrès (dans les matériaux, l'alimentation, les communications), se lance à pied et à ski à la conquête du pôle qu'il atteint après un périple de 800 kilomètres en 63 jours, de mars à mai 1986. Trois ans plus tard, à la tête d'une expédition internationale, il renouvelle l'expérience, cette fois sur le continent antarctique.

Mais l'exploit le plus fou de la décennie reste peut-être celui d'un Breton de 35 ans, Gérard d'Aboville, qui traverse l'Atlantique à la rame sur une embarcation de 5,60 mètres de long pour 1,50 mètre de large et pesant 150 kilogrammes. Ce valeureux *Capitaine Cook*, manié grâce à la seule force humaine et bénéficiant de vents et de courants favorables, relie les deux continents dans le sens ouest-est après 71 jours et 23 heures de navigation avant d'entrer dans la rade de Brest le 21 septembre 1981.

Exploit aussi étonnant, Reinhold Messner, le premier, réussit l'ascension de l'Everest en solitaire le 20 août 1980. Plus farfelus dans l'effort mais non moins significatifs d'une époque, deux Hollandais réalisent, en 1984, l'ascension et la descente du mont Blanc, juchés sur des vélos tout-terrain, par l'itinéraire classique de l'aiguille du Goûter. En 1986, c'est à un défi aérien que s'attaquent deux Américains, Dirk Rutan et Jeana Yeager, qui réalisent un tour du monde sans escale à bord de *Voyager*, un étrange avion en forme de libellule équipé de deux moteurs (l'un à l'avant, l'autre à l'arrière du fuselage) d'une puissance de 300 chevaux à peine, mais suffisante pour accomplir 40 000 kilomètres en 11 journées de vol.

Le conquérant des glaces
Tirant lui-même son matériel sur un traîneau, Jean-Louis Etienne ◄ médecin - explorateur réalise en 10 heures une marche de 28 km, en affrontant des températures de − 30 °C et un vent glacial.

Epreuve au singulier
Après une traversée de 9 000 km de l'Atlantique Sud, en duo avec Alain Pichavant, en 1986, Stéphane Peyron ▼ s'attaque avec sa planche à voile à l'Atlantique Nord l'année suivante. Il renouvelle l'expérience et rejoint Crescent Island (pôle Nord) le 30 juillet 1988, après 550 km de navigation.

CRÉATEURS ET CRÉATIONS

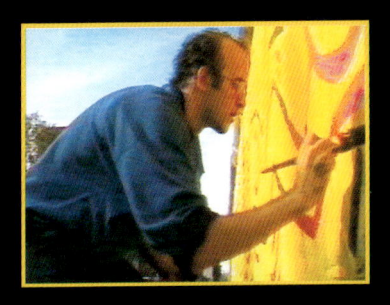

La modernité suit les lignes
d'une nouvelle écriture
aux États-Unis, en Afrique
et toujours en Amérique latine.
Elle se lit aussi dans les formes
conçues par les architectes
et les designers faisant le pari
de la simplicité alliée
aux exploits techniques.
Et le cinéma n'en finit pas
d'interroger l'histoire
et de parcourir un futur
inquiétant ou parodique.

ÉCRIVAINS ET MAÎTRES À PENSER

Une époque s'achève en 1980, avec la mort de Jean-Paul Sartre. Près de trente mille personnes suivent à Paris le cortège funèbre de celui qui fut le symbole d'une littérature de l'engagement, et d'une philosophie hâtivement baptisée du nom d'«existentialisme» qui, comme il le souhaitait, était une forme d'humanisme. Trois ans plus tard, son adversaire et ancien condisciple d'études Raymond Aron le rejoint après avoir enfin obtenu la reconnaissance. Fin 1982, c'est Louis Aragon qui disparaît après un itinéraire l'ayant mené du surréalisme au communisme le plus sectaire mais donnant souvent à la littérature et à la poésie la part la plus noble de son talent. En mars 1983, meurt à Bruxelles Georges Rémi, plus connu sous son pseudonyme de Hergé, créateur de Tintin et incarnant la bande dessinée, enfin reconnue comme un genre littéraire.

Symbole d'un siècle bouleversé, en 1981, le prix Nobel est attribué à Elias Canetti, Juif séfarade, né en Bulgarie en 1905, installé en Autriche, écrivant d'abord en allemand puis réfugié à Londres où il publie en anglais. En Europe naissent les œuvres fortes de l'Italien Umberto Eco (*Le Nom de la rose*, 1980), du Belge Hugo Claus (*Le Chagrin des Belges*, 1983), du Portugais José Saramago, de l'Albanais Ismaïl Kadaré (*Le Pont aux trois arches*, 1981), de l'Allemand Patrick Süskind (*Le Parfum*, 1985), de l'Espagnol Eduardo Mendoza (*La Ville des prodiges*, 1985), et se confirment la renommée de Marguerite Duras (*L'Amant*, prix Goncourt 1984) et les lauriers de Claude Simon (prix Nobel 1985) et de Marguerite Yourcenar.

La littérature sud-américaine renforce son audience internationale au travers d'auteurs devenus des

Quête d'absolu
Poète, romancier, essayiste, Jorge Luis Borges ◄ meurt en laissant une œuvre considérable. Il doit sa gloire à ses nouvelles dans lesquelles il a su créer une alchimie insolite, mêlant le rêve, la réalité et la métaphysique. Sa plus grande ambition, disait-il, était d'«écrire un livre, un chapitre, une page, un paragraphe qui soit tout pour tous les hommes».

Une femme sous la coupole
Naturalisée américaine en 1949, Marguerite Yourcenar reprend sa nationalité d'origine pour entrer le 22 janvier 1981 à l'Académie française ◄ au fauteuil de Roger Caillois. Sa présence met fin à trois siècles et demi de monopole masculin.

La passion du vivant
Dans *Le Chercheur d'or* (1985), J.M.G. Le Clézio ◄ poursuit sa révolte contre la société technicienne, et tente de saisir dans ses moindres subtilités les manifestations de la vie.

«classiques» : le Brésilien Jorge Amado, le Cubain Alejo Carpentier, l'Argentin Jorge Luis Borges (qui meurt en 1986) ou le Colombien Gabriel García Márquez (prix Nobel 1982). La décennie voit aussi l'émergence d'une littérature africaine de langue française ou anglaise, illustrée dans ce dernier cas par le Nobel du Nigérian Wole Soyinka en 1986.

Marqué par la guerre du Biafra, il est de ceux qui se veulent acteurs et témoins de leur temps, tels le poète chilien Pablo Neruda, l'Autrichien Thomas Bernhardt (qui disparaît en 1989), l'Allemand Heinrich Böll (mort en 1985), devenu une sorte de conscience morale de la RFA, le dramaturge tchécoslovaque Václav Havel, président de son pays en décembre 1989 après avoir connu les prisons, et l'écrivain britannique d'origine indienne Salman Rushdie dont les *Versets sataniques* publiés en 1988, lui valent une *fatwah* prononcée par l'imam Khomeiny, le condamnant à mort.

Une vie mise à prix
Condamné à vivre dans la crainte et à se soustraire à la vue du monde, Salman Rushdie ▼ poursuit sa carrière de romancier en alliant l'univers des mythes à la science-fiction.

RUE DES ARTS

Artiste et symbole
Keith Haring ◄ symbolise les années 1980 par son art graffiti et pop inspiré d'Andy Warhol. Il ouvre son œuvre au grand public en la vendant avec des produits dérivés dans son «*pop shop*» à New York.

Plus d'espace
A New York, le bâtiment du célèbre MOMA (Museum of Modern Art), qui date de 1939, est agrandi ◄ et modernisé en 1984 par César Pelli. Il abrite l'une des plus riches collections de peintures du XXe siècle.

Il y a le temps du patrimoine (ouverture à Paris en 1985 du musée Picasso à l'hôtel Salé, rétrospective de David Hockney à Los Angeles, Londres et New York en 1988 ou de Jean Tinguely en Italie et en France en 1989), celui du marché (les impressionnistes atteignent des prix hallucinants mais l'avant-garde trouve aussi ses collectionneurs), celui des mouvements qui perdurent (*arte povera*, *bad painting*) et celui des artistes en communion avec leur temps, ceux qui se préoccupent des questions posées par l'urbanisation, par les nouveaux matériaux ou supports médiatiques. Des métropoles, et singulièrement de New York, naissent les expressions en graffitis, celles du signe de la lettre, de la force et de la violence des traits rageurs de Jean-Michel Basquiat (mort en 1988), des personnages en aplats et contours stylisés de Keith Haring ou des peintures de Cy Twombly striées de mots comme jetés sur un mur par une main anonyme.

La même énergie, souvent inspirée de l'héritage de la bande dessinée, prévaut chez les Français se réclamant d'une «figuration libre» (Hervé di Rosa, Robert Combas, François Boisrond) ou chez Ben dont la désinvolture intègre phrases banales et objets de récupération. Cette volonté de la transformation ou de la mise en exergue du quotidien se retrouve aussi chez le sculpteur français Richard Baquié, chez les Britanniques Tony Cragg ou Bill Woodrow, qui proclament la fin de l'esthétisme lorsque les créateurs italiens de la *Transvanguardia*, au contraire, se réclament d'un vaste héritage culturel, épuré et simplifié (Sandro Chia, Francesco Clemente, Mimmo Paladino) et renouent avec la peinture et le dessin dans une volonté de nomadisme culturel. L'histoire présente et les souvenirs personnels inspirent, sous diverses formes, le Français Christian Boltanski dont les installations inquiètent ou bouleversent tout comme le travail de l'Allemand Joseph Beuys pleinement engagé dans son temps et dont l'œuvre poursuivie sur vingt ans (il meurt en 1986) est l'une des plus fortes du demi-siècle.

L'univers de la création est aussi celui des artistes qui systématisent un procédé (les carreaux de céramique blanche de Jean-Pierre Raynaud, les rayures de Daniel Buren, les touches de pinceaux du Suisse Niele Toroni). Comme en réponse à l'univers des villes, l'Américain d'origine bulgare Christo en enveloppe les monuments (le Pont Neuf à Paris en 1985) ou se déploie dans des sites naturels (toiles roses autour de onze îles de la baie de Biscayne, au large de Miami, en 1980-1983).

Le musée du XIXe siècle
Inauguré en décembre 1986, le musée d'Orsay, dont la décoration a été confiée à l'Italienne Gae Aulenti, rassemble sur l'emplacement d'une ancienne gare ▲ des œuvres allant de 1848 à 1914. La richesse de sa collection et l'originalité de son emplacement en font rapidement l'un des lieux les plus visités de Paris.

Eternelle avant-garde
Le peintre catalan Antoni Tàpies (◄ ici dans son atelier) aime toujours à rechercher de nouvelles matières, mélangeant l'huile, le marbre pulvérisé et les pigments en poudre.

LE DÉCOR ET L'ÉPURE

Pendant des décennies, la modernité en architecture a exclu le décor et les références historiques au profit d'un langage international privilégiant l'angle droit, la rigueur et la simplicité des rythmes. A partir des années 1970, de nombreux architectes ont retrouvé le goût des citations du passé et les plaisirs de l'éclectisme. Ils s'inspirent de l'Antiquité, de l'art gothique, renaissant ou baroque, voire de l'art-déco et ne se privent pas d'utiliser arcs et colonnes, pilastres et frontons, moulures et échancrures. Ils façonnent un style bientôt baptisé «postmodernisme» (terme né en 1975 en Angleterre).

Non sans outrances, le Catalan Ricardo Bofill conçoit ainsi des immeubles pastichant l'âge classique et même le style stalinien. Aux Etats-Unis, Philip Johnson abandonne les leçons de Walter Gropius et de Ludwig Mies Van der Rohe pour des buildings flamboyants (celui de la compagnie ATT à New York en 1984, ou, la même année, le *National Bank Center* de Houston). Plus sobres, les formes triangulaires et

Audace et démesure
Hong-Kong, qui connaît un fort développement immobilier, voit émerger la tour d'acier et de verre de la *Hong Kong and Shanghai Bank* (en bas ▲), chef-d'œuvre technique conçu par Norman Foster, et celle de la *Bank of China* ▲ due à Ieoh Ming Pei.

pyramidales deviennent la marque de l'Américain d'origine chinoise Ieoh Ming Pei à Dallas (*First Interstate Bank Tower*, 1986), à Paris (Pyramide du Louvre, 1989), à Hong-Kong (siège de la *Bank of China*, 1990). Poursuivant la tradition japonaise de simplicité et de légèreté, le Japonais Tange Kenzō construit à Singapour en 1988 l'immeuble de l'*Overseas Union Bank*, haut de 280 mètres. Cette volonté de conserver une tradition esthétique se retrouve chez son compatriote Tadao Auto qui centre son activité au Japon (Osaka et Kōbe). Pendant que d'autres architectes à travers le monde, plutôt que de recourir à l'historicisme, s'inspirent de formes simples (l'ellipse du *333 Wacker Drive* construit à Chicago en 1983, ou les déclinaisons du cylindre, privilégié par le Suisse Mario Botta) ou de la poétique de la technologie (Renzo Piano, Richard Rogers, Norman Foster, Jean Nouvel). Une technologie mise également au service de la sécurité lorsque est érigé à Los Angeles le *First Interstate Bank World Center* (310 mètres de haut) capable, grâce à une ossature à double cadre, de résister aux tremblements de terre.

Le Paris d'un président
Sous l'impulsion de François Mitterrand, de «grands travaux» renouvellent le visage de la capitale : la Grande Arche ▼, haute de 110 m, est érigée à la Défense par le Danois Otto von Spreckelsen, au moment où la Bastille accueille un nouvel opéra ▲, conçu par le Canadien Carlos Ott, et où Ieoh Ming Pei regroupe les accès au Louvre sous une pyramide lumineuse ◄ comportant 793 losanges et triangles de verre, inaugurée en 1989.

LES ARTS DE LA SCÈNE

Plus que jamais, le spectacle est devenu une industrie aux moyens considérables, dépendante de la télévision et de nouveaux moyens de diffusion qui donnent aux grands groupes du show-business une audience à l'échelle du globe. Rien ne semble devoir leur résister lorsqu'il s'agit de promouvoir Michael Jackson (son album *Thriller* sorti en 1982 se vend à 40 millions d'exemplaires), Prince ou Madonna. Mais l'offre de talents multiples étend à l'infini les possibilités de séduire la planète des adolescents avec la multiplicité des sonorités du rock – de Police à U2 ou Dire Straits (15 millions d'exemplaires pour l'album *Brother in Arms*) –, du reggae, des sonorités sud-américaines (la lambada est dansée partout dans le monde à l'été 1989), du rap ou de la *house music* de Chicago, éléments d'une culture jeune internationalisée.

La deuxième mort des Beatles
La stupeur et la tristesse s'abattent sur les millions d'admirateurs qui apprennent, le 8 décembre 1980, l'assassinat de John Lennon ▼. Mark Chapman, un jeune déséquilibré de 25 ans, a tiré sur lui à bout portant en plein centre de Manhattan.

Herald Tribune
LONDON, WEDNESDAY, DECEMBER 10, 1980

John Lennon, Ex-Beatle, Slain in New York

A côté de cette mondialisation de la musique, certains pays continuent de promouvoir des productions nationales. En France, des voix nouvelles (Patricia Kaas) prennent le relais de celles qui se sont tues (Georges Brassens meurt en 1981, Dalida se suicide en 1987). En Italie, le festival de San Remo reste un tremplin pour les nouveaux talents, tout en assurant la relance des vedettes confirmées (Adriano Celentano).

Revient aussi la vogue des grands concerts publics, parfois au service de causes humanitaires, tel le *Live Aid* de Wembley, le 13 juillet 1985, qui réunit plus de cinquante groupes pendant dix-sept heures de concert.

Des genres musicaux qui semblaient sans écho auprès d'un large public le rencontrent à travers les grandes voix

«Cats»
Comédie musicale mettant en scène des chats, produite dans 250 villes, *Cats* ▶ a été vue par 50 millions de spectateurs depuis 1981.

Le mutant
Amateur de science-fiction et de contes pour enfants, Michael Jackson ◄ est l'une des pop stars des plus excentriques et insaisissables de la décennie. Dans ses vidéo-clips, il n'hésite pas à utiliser des effets spéciaux spectaculaires, comme dans *Thriller* où il se transforme en mort vivant.

lyriques – notamment le trio Luciano Pavarotti, Ruggiero Raimondi, José Carreras dont les concerts en plein air, relayés par la télévision, relancent les grands airs d'opéra pour en faire de véritables «tubes». Autre «star» dont le succès a été démultiplié par la télévision, le chef d'orchestre Herbert von Karajan meurt en 1989. On ne reverra plus sa gestuelle inspirée et si télégénique.

Sur les scènes de Londres et de Broadway, on assiste au retour en force de comédies musicales – ainsi *Cats* (1981), *Les Misérables* (1985) et *Miss Saigon* (1989) – qui font salle comble à leur création et tournent ensuite de ville en ville, avec des distributions démultipliées. Le jazz, toujours présent en de multiples festivals (Nice, Antibes, Montreux), conserve son rôle de lieu irremplaçable d'innovation musicale et vogue du néo-bop au free jazz revisité, des musiques métisses à la résurgence d'un patrimoine centenaire.

De son côté, le théâtre est servi par des metteurs en scène parvenus à la plénitude de leur art (Patrice Chéreau donnant magnifiquement le *Peer Gynt* d'Ibsen en 1981 ou Peter Brook réalisant le *Mahābhārata* en 1985) et retrouve dans certains pays une vitalité nouvelle (ainsi au Japon où Noda Hideki donne en 1985 sa vision du *Ring* de Wagner devant des dizaines de milliers de spectateurs).

Charity business
Le concert marathon de *Live Aid*, qui se déroule sous la direction de Bob Geldof ▲, rassemble la plupart des grandes pop stars mondiales (Elton John, Sting, Queen, David Bowie...). 1,5 milliard de téléspectateurs le suivent, ce qui permet de réunir plus de 50 millions de livres (500 millions de francs) pour *Band Aid* ▲.

CINÉMA EUROPÉEN : LE RENOUVEAU

Rien ne mesure mieux la vitalité du cinéma européen que le palmarès du festival de Cannes. De 1980 à 1989, la Palme d'or distingue sept fois des metteurs en scène du Vieux Continent avec un rare éclectisme géographique où sont représentés la Pologne (Andrzej Wajda, *L'Homme de fer*, 1981), la Turquie (Yilmaz Güney, *Yol*, 1982), l'Allemagne fédérale (Wim Wenders, *Paris Texas*, 1984), la Yougoslavie (Emir Kusturica, *Papa est en voyage d'affaires*, 1985), la Grande-Bretagne (Roland Joffé, *Mission*, 1986), la France (Maurice Pialat, *Sous le soleil de Satan*, 1987) et le Danemark (Bille August, *Pelle le conquérant*, 1988). D'autres créateurs achèvent de bâtir leur univers, mystique pour le Russe Andreï Tarkovski (*Possession*, 1981; *Nostalghia*, deux ans plus tard), dépouillé ou provoquant pour les Français Alain Cavalier et Bertrand Blier (*Thérèse* en 1986; *Tenue de soirée*, 1986, *Trop belle pour toi*, 1989), décapant pour l'Espagnol Pedro Almodovar (*Femmes au bord de la crise de nerfs*, 1987). La caméra reste onirique pour Federico Fellini (*La Cité des femmes*, 1980), retrouve un souffle d'épopée avec Alain Corneau (*Fort Saganne*, 1984), décrit les temps de crise avec sensibilité et humour (les Britanniques Ken Loach et Stephan Frears), manie la nostalgie (Giuseppe Tornatore, *Cinema Paradiso*, 1988) ou crée des films cultes (Luc Besson, *Le Grand Bleu*, 1988).

Celui-ci appartient à une génération de cinéastes français (avec Leos Carax et Jean-Jacques Beineix) dont le regard nouveau s'ajoute à ceux toujours en recherche de Jean-Luc Godard, André Techiné, Alain Resnais ou, plus classiques, de Claude Miller, Claude Sautet, Bertrand Tavernier. La tradition du cinéma comique français se

Grand spectacle
Méconnu chez lui, adulé en Europe, Akira Kurosawa ▼ signe deux films retraçant le Japon du XVIe siècle : *Kagemusha* (1980), qui lui vaut la Palme d'or à Cannes, est suivi par *Ran* (1985). Roman Polanski ▲ se lance aussi dans l'aventure épique avec *Pirates* (1986) et réalise *Frantic* (1988), où joue Emmanuelle Seignier ▲.

Mozart superstar
En 1984, *Amadeus* de Milos Forman ▲, qui retrace avec brio la vie du prodige, obtient un succès mondial.

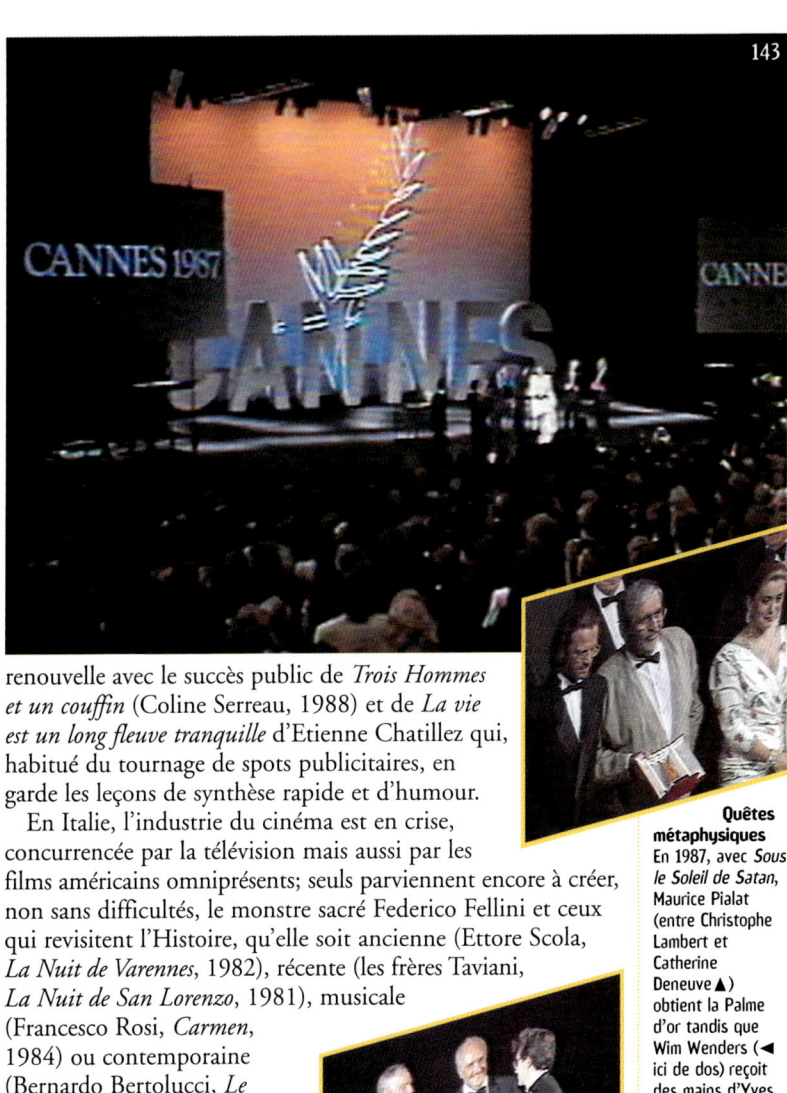

renouvelle avec le succès public de *Trois Hommes et un couffin* (Coline Serreau, 1988) et de *La vie est un long fleuve tranquille* d'Etienne Chatillez qui, habitué du tournage de spots publicitaires, en garde les leçons de synthèse rapide et d'humour.

En Italie, l'industrie du cinéma est en crise, concurrencée par la télévision mais aussi par les films américains omniprésents; seuls parviennent encore à créer, non sans difficultés, le monstre sacré Federico Fellini et ceux qui revisitent l'Histoire, qu'elle soit ancienne (Ettore Scola, *La Nuit de Varennes*, 1982), récente (les frères Taviani, *La Nuit de San Lorenzo*, 1981), musicale (Francesco Rosi, *Carmen*, 1984) ou contemporaine (Bernardo Bertolucci, *Le Dernier Empereur*, 1987).

En Scandinavie, tels Ingmar Bergman et Carl Dreyer en leur temps, Gabriel Axel (*Le Festin de Babette*, 1988) et Lars von Trier insufflent un air nouveau.

Quêtes métaphysiques
En 1987, avec *Sous le Soleil de Satan*, Maurice Pialat (entre Christophe Lambert et Catherine Deneuve ▲) obtient la Palme d'or tandis que Wim Wenders (◄ ici de dos) reçoit des mains d'Yves Montand (◄ au centre) le prix de la Mise en scène pour *Les Ailes du désir*, film allégorique sur Berlin mêlant hommes et anges.

CINÉMA AMÉRICAIN : LES MOYENS DU SUCCÈS

En réponse à la fascination qu'exerce le petit écran (dont la série *Dallas* diffusée dans le monde entier devient un symbole), le cinéma américain trouve de nouvelles séductions en Cinémascope. Le succès est tel, pour certains films, qu'il est devenu courant d'en réaliser de nouveaux épisodes. *Rambo II* (1985) fait suite au premier épisode tourné en 1982. *Alien, le retour* (1986), avec Sigourney Weaver, déjà héroïne du premier volet, tourné sept ans plus tôt par Ridley Scot, séduit toujours le public. Après *La Guerre des étoiles*, la trilogie de George Lucas se complète avec *L'empire contre-attaque* (1980) suivi du *Retour du Jedi* (1983); les trois engendrent des bénéfices de 572 millions de dollars. Dans la même veine galactique (*ET, l'extraterrestre*, 1982) ou archéologique (la série des *Indiana Jones*, 1981, 1984 et 1989), Steven Spielberg et ses studios en engrangent 700 millions. Les recettes augmentent encore plus avec les ventes de produits dérivés du cinéma (jouets, T-shirts, affiches, magazines, maquettes, etc.).

Visages de l'Amérique
Révélé avec *Mean Streets* (1973), Martin Scorsese ◄ trouve en Robert De Niro son acteur fétiche qui incarne à merveille cette Amérique hétérogène, violente et parfois glauque que dépeint le cinéaste. Il n'hésite pas à aborder les sujets religieux qui lui tiennent à cœur avec *La Dernière Tentation du Christ* (1988), suscitant l'hostilité des intégristes catholiques. Tout autre est l'image renvoyée par Robert Redford ▼, celle d'une Amérique libérale, mais traditionnelle. A l'inverse, Sylvester Stallone ▶ incarne d'abord avec *Rocky* (1976) la face dure de l'Amérique pauvre mais tombe vite dans le film musclé avec *Rambo*, qui exalte un pays sûr de lui.

Conte féerique
Après *Rencontres du troisième type* (1977), Steven Spielberg ◄ renoue avec le succès : *ET, l'extraterrestre* (1982) ▼ réalise quelque 400 millions de dollars de recettes.

Malgré l'échec de *La Porte du Paradis* de Michael Cimino, les metteurs en scène des Etats-Unis ont toujours un regard vers la conquête de l'Ouest, mais ils reviennent surtout sur le monde de la pègre (*Scarface*, Brian de Palma, avec Al Pacino, 1983) et abordent la fresque historique (*Amadeus*, Milos Forman, cinéaste venu d'Europe, 1984) ou la belle histoire d'amour en décor exotique (*Out of Africa*, Sydney Pollack, 1986) comme un hommage au mythique *African Queen*. La tradition de la comédie sentimentale a les traits de Julia Roberts (*Pretty Woman*), celle du film à message humaniste suit les leçons de Robin Williams (*Le Cercle des poètes disparus*). A côté des grands studios, demeurent des espaces de création indépendants où s'expriment toujours Woody Allen (*La Rose pourpre du Caire*, 1984), Robert Altman ou de nouveaux venus comme David Lynch (*Elephant Man*, 1980), Percy Adlon (*Bagdad Café*, 1988), Jim Jarmush, Joel et Ethan Cohen (*Barton Fink*), alors que disparaît toute une époque du cinéma lorsque meurent Alfred Hitchcock (1980), Orson Welles (1985), John Huston (1987).

Un acteur aux cent visages
Robert De Niro (▼ à droite, avec Roland Joffé, Palme d'or 1986 à Cannes pour *Mission*) est aussi bien mafioso, dans *Le Parrain*, qu'ouvrier immigré, dans *Voyage au bout de l'enfer*.

CHRONOLOGIE

▶ 1980

22 janvier : URSS. Andreï Sakharov est mis en résidence surveillée.
26 janvier : Egypte-Israël. Etablissement de relations diplomatiques.
29 février : Chine. Les partisans de Hua Guofeng sont exclus du parti communiste.
1er mars : Etats-Unis. Appui d'une résolution de l'ONU contre les colonies israéliennes dans les territoires occupés.
9 mars : Espagne. Les nationalistes modérés gagnent les premières élections régionales au Pays basque.
15 avril : France. Mort de Jean-Paul Sartre. *134*
18 avril : Zimbabwe. Indépendance : les Blancs perdent le pouvoir. *62*
4 mai : Yougoslavie. Mort de Tito.
30 mai : Europe de l'Ouest. Sous la pression de Margaret Thatcher, réduction de la contribution britannique au budget agricole de la CEE. *47*
10 juin : Moyen-Orient. L'OPEP augmente le prix du baril qui atteint 32 dollars.
18 juin : Afrique du Sud. Emeutes dans le quartier métis du Cap : 29 morts.
7 juillet : Liban. Affrontements interchrétiens opposant Camille Chamoun aux Gemayel.
18 juillet : Inde. Premier lancement d'un satellite. *61*
12 septembre : Turquie. Coup d'Etat du général Kenan Evren et loi martiale.
17 septembre : Corée-du-Sud. L'opposant Kim Dae Jung est condamné à mort.
22 septembre : Pologne. Naissance du syndicat indépendant *Solidarnosc*.
22 septembre : Irak-Iran. Début de la guerre.
25 octobre : Vatican. Le cinquième synode, consacré à la famille, condamne l'avortement, le divorce et la contraception.
27 novembre : Pologne. Pour éviter une grève générale, le gouvernement libère deux militants de *Solidarnosc*.
14 décembre : Pologne. Première session du premier congrès de *Solidarnosc*.
18 dévembre : France. Adoption de la loi «sécurité et liberté».
31 décembre : Sénégal. Léopold Sédar Senghor quitte la présidence du pays, qu'il remet à Abdou Diouf.

▶ 1981

1er janvier : Etats-Unis. Investiture du président Reagan.
1er janvier : Europe de l'Ouest. Entrée de la Grèce dans la CEE. *46*
20 janvier : Iran. Libération des diplomates américains retenus en otages. *20*
25 janvier : Chine. Jiang Qing, veuve de Mao Zedong, est condamnée à mort dans le procès de la «bande des quatre» à Pékin.
9 février : Pologne. Le général Jaruzelski devient chef du gouvernement. *74*
14 février : Italie. Tremblement de terre à Naples : 2916 morts.
23-24 février : Espagne. Echec de la tentative de putsch du lieutenant-colonel Tejero. *40, 41, 109*
25 février : Espagne. Leopoldo Calvo Sotelo est nommé Premier ministre à la place d'Adolfo Suárez.
30 mars : Etats-Unis. Attentat raté contre Ronald Reagan à Washington. *21*
2 avril : Liban. Affrontements entre troupes syriennes et milices chrétiennes.
4 avril: Italie. Arrestation de Mario Moretti, dernier chef des Brigades rouges.
12 avril : Grande-Bretagne. Emeutes raciales à Brixton, dans la banlieue de Londres.
12 avril : Etats-Unis. Premier vol de la navette spatiale.
24 avril : Etats-Unis. Levée de l'embargo céréalier contre l'URSS.
10 mai : France. François Mitterrand est élu président de la République. *32*
13 mai : Vatican. Attentat manqué contre le pape.
5 juin : Etats-Unis. Ronald Reagan décide la fabrication de la bombe à neutron.
7 juin : Irak. Un raid israélien détruit le réacteur nucléaire d'Osirak. *11*
29 juillet : Grande-Bretagne. Mariage de lady Diana et du prince Charles. *108*
19 août : Libye. Deux avions sont abattus par des F14 américains en Méditerranée.

CHRONOLOGIE

5 septembre : Pologne. Deuxième session du premier congrès de *Solidarnosc* à Gdansk.

17 septembre : URSS. Moscou exige de Varsovie qu'elle réprime les manifestations antisoviétiques.

18 septembre : France. Abolition de la peine de mort.

22 septembre : France. Inauguration du train à grande vitesse (TGV) Paris-Lyon. **101**

6 octobre : Egypte. Assassinat d'Anouar al-Sadate par des fondamentalistes. **12,** *12*

16 octobre : Turquie. Dissolution des partis politiques par le régime militaire.

20 octobre : URSS. Reconnaissance de l'OLP.

1er novembre : Tunisie. Premières législatives libres, mais nombreuses irrégularités.

4 novembre : Pologne. Le général Jaruzelski propose de former un Conseil de l'entente nationale entre le gouvernement, l'Eglise et *Solidarnosc*.

9 novembre : France. Autorisation des radios libres.

26 novembre : France. Abolition de la loi anticasseurs.

30 novembre : Europe. Début des négociations OTAN-pacte de Varsovie sur les missiles de moyenne portée.

10 décembre : Espagne. Entrée dans l'OTAN.

13 décembre : Pologne. Proclamation de l'«état de guerre» par le général Jaruzelski. **75**

▶ 1982

13 janvier : France. Adoption de la semaine de travail 39 heures et de la 5e semaine de congés payés. **33**

9 février : Vatican. Jean-Paul II affirme son soutien à *Solidarnosc*. **49**

16 mars : Europe de l'Ouest. Embargo partiel de la CEE sur les importations soviétiques.

2 avril : îles Malouines (Falkland). L'armée argentine envahit l'archipel. **38**

3 avril : France. Premier vol de l'Airbus 310. **100**

8 avril : Syrie. Fermeture de la frontière avec l'Irak et coupure de l'oléoduc irakien qui débouche sur la Méditerranée.

25 avril : Israël. Fin de la restitution du Sinaï à l'Egypte.

1er mai : îles Malouines. Offensive britannique.

6 juin : Liban. Invasion israélienne (opération «paix en Galilée»). **14**

9 juin : Liban. Bataille de blindés et d'avions entre Israël et la Syrie.

14 juin : Argentine. Capitulation dans la guerre des Malouines et grave crise dans la junte militaire au pouvoir. **39**

24 juin : espace. Jean-Loup Chrétien, premier Français spationaute, à bord d'un Soyouz soviétique. **85**

24 juillet : France. Abrogation de la loi «sécurité et liberté»..

29 juillet : France. Loi sur l'audiovisuel instituant la fin du monopole public.

18 août : France. Action directe est dissoute.

21 août : Liban. L'OLP est évacuée de Beyrouth par une force de paix internationale.

3 septembre : Italie. Assassinat du général Dalla Chiesa, préfet de Palerme et coordinateur de la lutte anti-Mafia.

15-17 septembre : Liban. 3 000 Palestiniens des camps de Sabra et Chatila sont massacrés par des miliciens chrétiens. **14**

21 septembre : Liban. Amine Gemayel, chef maronite chrétien, est élu président. **15**

24 septembre : Liban. Arrivée de la force multinationale de sécurité.

25 septembre : Israël. 250 000 personnes manifestent contre les massacres de Sabra et de Chatila.

1er octobre : RFA. Le chrétien-démocrate Helmut Kohl devient chancelier. **44**

16 octobre : Italie. 100 000 manifestants contre la Mafia à Palerme.

28 octobre : Espagne. Victoire des socialistes du PSOE et de leur leader Felipe González aux élections législatives. **40**

12 novembre : URSS. Iouri Andropov succède à Leonid Brejnev, mort le 10. **24**

16 décembre : Argentine. 100 000 personnes marchent pour la démocratie.

▶ 1983

5 janvier : France. Dissolution du Front de libération nationale de la Corse (FLNC).

25 janvier : Italie. 25 membres des Brigades rouges sont condamnés à la détention à perpétuité pour l'assassinat d'Aldo Moro.

14 février : Israël. Ariel Sharon, accusé d'avoir laissé se perpétrer les massacres de Sabra et de Chatila, quitte le gouvernement.

6 mars : RFA. Triomphe de la CDU-CSU aux élections législatives. Le chancelier Kohl est reconduit au pouvoir. *45*

14 mars : Moyen-Orient. Pour la première fois, l'OPEP baisse le prix du baril.

23 mars : Etats-Unis. Annonce par Ronald Reagan d'une augmentation considérable des dépenses militaires dans le cadre de l'«initiative de défense stratégique».

18 avril : Liban. Attentat du Djihad islamique contre l'ambassade américaine : 63 morts.

25 avril : Portugal. Le parti socialiste de Mario Soares remporte les élections législatives.

8 mai : Etats-Unis. Le sida a déjà tué 520 personnes.

17 mai : Liban. Signature d'un traité de paix avec Israël.

9 juin : Grande-Bretagne. Des élections législatives anticipées reconduisent Margaret Thatcher au poste de Premier ministre. *33, 37*

16 juin : Pologne. Voyage de Jean-Paul II.

24 juin : Syrie. Expulsion de Yasser Arafat.

22 juillet : Pologne. Levée de l'«état de guerre». *74, 75*

4 août : Italie. Bettino Craxi, premier chef de gouvernement socialiste. *42*

21 août : Philippines. Assassinat de Benigno Aquino, rival du président Marcos; 3 millions de personnes aux funérailles.

25 août : Etats-Unis. Accord pour l'exportation de céréales en URSS.

26 août : URSS. Iouri Andropov propose de détruire environ 160 fusées SS 20.

1er septembre : URSS. Les Soviétiques abattent un Boeing sud-coréen.

5 octobre : Suède. Lech Walesa, prix Nobel de la paix. *74*

10 octobre : Israël. Yitzhak Shamir succède à Menahim Begin au poste de Premier ministre.

22 octobre : Europe de l'Ouest. 2 millions de personnes (dont 1,3 million en RFA) manifestent contre le déploiement des missiles Pershing par l'OTAN. *29*

23 octobre : Liban. Deux camions suicide explosent à Beyrouth, tuant 241 soldats américains. **15**, *15*

25 octobre : Grenade. Débarquement de 2000 soldats américains. **23, 28**, *28*

15 novembre : Chypre. Les Turcs du nord de l'île proclament l'indépendance.

23 novembre : Europe. Arrivée des premiers missiles Pershing en RFA. L'URSS suspend les négociations sur les «euromissiles».

10 décembre : Argentine. Raúl Alfonsín est élu démocratiquement à la présidence.

20 décembre : Liban. 4000 Palestiniens de l'OLP, encerclés dans le nord du pays, le quittent sous la protection de l'ONU. **13**

▶ 1984

6 janvier : Tunisie. Après des émeutes dues à la hausse du prix du pain, le président Bourguiba reporte cette augmentation. *65*

17 janvier : Suède. Conférence sur la sécurité et la coopération en Europe (CSCE) réunissant pays de l'Est et de l'Ouest.

20 janvier : Maroc. Après des émeutes dues à la hausse des produits de première nécessité, Hassan II reporte les augmentations. *65*

13 février : URSS. Konstantin Tchernenko remplace Iouri Andropov, mort le 9. *25*

4 mars : France. Des centaines de milliers de personnes défilent pour l'école privée.

12 mars : Grande-Bretagne. Début de la grande grève des mineurs, qui échouera. *33*

26 mars : Guinée. Mort du président Sékou Touré.

31 mars : Liban. Fin du retrait de la force multinationale d'interposition. **15**

25 avril : Nicaragua. Dépôt d'une plainte internationale contre les Etats-Unis pour le minage des ports nicaraguayens.

25 avril : France. Un million de personnes défilent pour l'école publique.

6 mai : Salvador. José Napoleón Duarte devance le candidat de l'extrême droite et devient président.

LA ZONE PRINCIPALE DES CONFLITS

8 mai : URSS. Avec 13 autres pays communistes, l'URSS annonce le boycott des jeux Olympiques de Los Angeles.

6 juin : Inde. L'armée donne l'assaut aux autonomistes sikhs retranchés dans le temple d'Or : 700 morts. **61**, *61*

11 juin : Italie. Mort d'Enrico Berlinguer, chef du parti communiste. **42**

17 juin : France. L'extrême droite obtient 11 % des voix aux élections européennes. **35**

24 juin : France. Un million de personnes défilent à Paris pour l'école privée. **35**

12 juillet : France. Le projet de loi sur l'école privée est retiré. **35**

17 juillet : France. Laurent Fabius remplace Pierre Mauroy comme Premier ministre. Adoption de la «rigueur» budgétaire. **35**

14 août : monde. Clôture de la conférence internationale sur la démographie organisée par l'ONU, soulignant les problèmes posés par l'urbanisation et la baisse parallèle des taux de natalité et de mortalité.

7 septembre : Amérique du Sud. L'endettement de l'Amérique du Sud

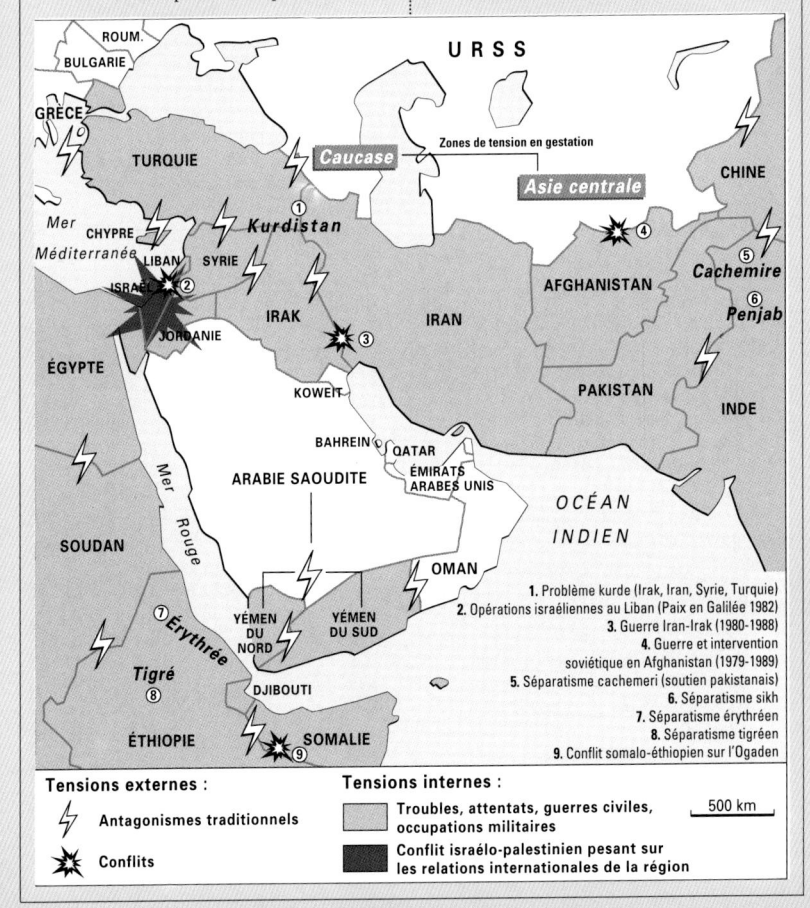

1. Problème kurde (Irak, Iran, Syrie, Turquie)
2. Opérations israéliennes au Liban (Paix en Galilée 1982)
3. Guerre Iran-Irak (1980-1988)
4. Guerre et intervention soviétique en Afghanistan (1979-1989)
5. Séparatisme cachemeri (soutien pakistanais)
6. Séparatisme sikh
7. Séparatisme érythréen
8. Séparatisme tigréen
9. Conflit somalo-éthiopien sur l'Ogaden

Tensions externes :
- Antagonismes traditionnels
- Conflits

Tensions internes :
- Troubles, attentats, guerres civiles, occupations militaires
- Conflit israélo-palestinien pesant sur les relations internationales de la région

500 km

déstabilise l'économie mondiale. Un vaste plan d'assainissement est mis en œuvre sous l'égide du FMI.

7 septembre : Amérique centrale. Le plan de paix pour l'Amérique centrale du groupe de Contadora (Colombie, Panamá, Mexique, Venezuela) est rendu public.

13 septembre : Israël. A la suite d'élections indécises, compromis gouvernemental entre le Likoud et le Parti travailliste, dont le leader, Shimon Peres, devient Premier ministre.

26 septembre : Hong-Kong. Accord sino-britannique sur la remise de la ville à la Chine populaire. *54*

25 octobre : Ethiopie. L'Occident accroît son aide, le pays étant menacé par la famine.

31 octobre : Inde. Assassinat du Premier ministre Indira Gandhi. Rajiv Gandhi, son fils, lui succède. *61*

6 novembre : Afrique du Sud. La grève générale devient une émeute : 132 morts.

6 novembre : Chili. Le général Pinochet proclame l'état de siège.

6 novembre : Etats-Unis. Réélection à la présidence de Ronald Reagan. *23, 23*

28 novembre : Grande-Bretagne. Privatisation de British Telecom. *37*

3 décembre : Inde. Catastrophe chimique de Bhopal : 1750 morts. *114, 114*

10 décembre : Suède. Desmond Tutu, prix Nobel de la paix. *67*

19 décembre : Pakistan. L'islamisation proposée par le général Zia ul-Haq est approuvée par 98 % des votants.

▶ 1985

10 janvier : Nicaragua. Daniel Ortega, sandiniste, élu président en novembre 1984 avec 67 % des voix, prend ses fonctions.

13 janvier : France. Etat d'urgence en Nouvelle-Calédonie.

26 janvier : Amérique Latine. Jean-Paul II condamne la théologie de la libération. *48*

12 février : Etats-Unis. Réévaluation du dollar, croissance de près de 7 % en 1984.

18 mars : URSS. Mikhaïl Gorbatchev succède à Konstantin Tchernenko, mort le 10. *25*

28 mars : France. Edgard Pisani présente son plan d'indépendance-association pour la Nouvelle-Calédonie.

29 mars : France. Dans l'«affaire Grégory», Jean-Marie Villemin tue Bernard Laroche, accusé du meurtre de son fils.

29-30 mars : Europe de l'Ouest. Le Portugal et l'Espagne sont admis dans la CEE. *46*

3 mai : France–Grande-Bretagne. Paris et Londres décident de mettre en œuvre le projet du tunnel sous la Manche.

22 mai : Liban. Le mouvement chiite Amal envahit les camps de Sabra et Chatila et tue 100 Palestiniens.

22 mai : Liban. Jean-Paul Kaufmann et Michel Seurat sont enlevés à Beyrouth.

29 mai : Belgique. Actes de violence des hooligans anglais au stade du Heysel, à Bruxelles. *114, 114, 129*

14 juin : Argentine. Drastique plan de rigueur économique.

15 juin : France. Un concert de SOS Racisme réunit 300 000 personnes à la Bastille.

19 juin : France. Dépistage obligatoire du sida pour tous les donneurs de sang. *90*

16 juillet : Israël. Le Premier ministre Shimon Peres rencontre deux dirigeants palestiniens.

23 juillet : Nouvelle-Zélande. Les services secrets français coulent le *Rainbow Warrior*, navire de Greenpeace. *107, 107*

9 septembre : Israël. La loi interdit tout contact entre citoyens israéliens et l'OLP.

17 septembre : Etats-Unis. Ronald Reagan indique à l'URSS que les recherches spatiales sur un bouclier anti-missiles ne seront pas réduites.

21 septembre : Mexique. Tremblement de terre à Mexico : 20 000 morts. *107, 116*

29 septembre : France. référendum en Nouvelle-Calédonie : les anti-indépendantistes recueillent 61 % des voix.

1er octobre : Tunisie. Israël bombarde le siège de l'OLP à Tunis : 50 morts. *16*

7 octobre : Egypte. Détournement du paquebot italien *Achille Lauro* par un commando palestinien.

15 octobre : URSS. Mikhaïl Gorbatchev présente une réforme pour débureaucratiser l'économie.

7 novembre : Egypte. Yasser Arafat condamne le terrorisme, tout en affirmant le droit à la résistance sur son sol, et défend son plan de paix, élaboré avec la Jordanie.

13 novembre : Colombie. Eruption du Nevado del Ruiz, à Armero : 25 000 morts. **116**

15 novembre : Grande-Bretagne. Signature avec l'Irlande d'un accord sur l'Irlande-du-Nord.

21 novembre : Suisse. Rencontre Ronald Reagan-Mikhaïl Gorbatchev et accord sur le désarmement.

9 dévembre : Argentine. Jugement de neuf généraux de l'ancienne junte.

► 1986

28 janvier : Etats-Unis. Explosion en plein vol de la navette Challenger. **84**

8 février : Haïti. Le dictateur Jean-Claude Duvalier quitte le pouvoir. **68**

10 février : Italie. Ouverture d'un grand procès anti-Mafia en Sicile (474 accusés).

17 février : CEE. Signature de l'Acte unique. **46**

25 février : Philippines. Le président Marcos quitte les Philippines, remplacé par Cory Aquino, qui a remporté l'élection présidentielle du 7. **55,** *55*

28 février : Suède. Assassinat du Premier ministre social-démocrate Olof Palme.

28 février : Brésil. Adoption du «plan Cruzado» d'extrême rigueur économique.

16 mars : France. Victoire de la droite aux élections législatives. **35**

20 mars : France. Première cohabitation : François Mitterrand nomme Jacques Chirac, président du RPR, Premier ministre. **35**

8 avril : Israël. Le Premier ministre Shimon Peres reconnaît la nation palestinienne.

10 avril : Pakistan. Benazir Bhutto, chef de l'opposition, rentre d'exil et réclame la démission du général Zia ul-Haq.

15 avril : Libye. L'US Air Force bombarde Tripoli. Muammar al-Kadhafi est blessé. **64**

26 avril : URSS. Fuites radioactives à la centrale nucléaire de Tchernobyl : 1 700 000 personnes sont irradiées. **73, 114,** *115*

11 juin : Hongrie. Le pacte de Varsovie se dit prêt à de grandes concessions sur les armements classiques et les armes nucléaires tactiques.

11 juillet : France. Attentat d'Action directe contre la police judiciaire, à Paris. **117**

14 juillet : France. François Mitterrand refuse de signer l'ordonnance sur les privatisations.

11 septembre : Pologne. Amnistie de milliers de prisonniers politiques.

15 septembre : Etats-Unis. Ronald Reagan annonce une guerre contre la drogue.

17 septembre : France. Attentat rue de Rennes, à Paris. *117*

18 octobre : France. 101 Maliens sont expulsés par charter hors de France.

20 octobre : Israël. Le conservateur Yitzhak Shamir relaie le travailliste Shimon Peres comme Premier ministre, selon leur accord de gouvernement.

17 novembre : France. Assassinat par Action directe de Georges Besse, P-DG de Renault. **117**

19 novembre : Liban. Attaque des Syriens par les intégristes sunnites.

28 novembre : Etats-Unis. Décision de ne plus respecter le traité SALT II.

5 décembre : France. Manifestations étudiantes contre un projet de loi réformant l'enseignement supérieur. Un jeune beur, Malik Oussékine, est tué par la police.

8 décembre : France. Le projet de réforme de l'enseignement supérieur est retiré.

16 décembre : URSS. Emeutes nationalistes au Kazakhstan. **27**

19 décembre : URSS. Andreï Sakharov est libéré.

▶ 1987

12 janvier : Vatican. Jean-Paul II reçoit le général Jaruzelski.

2 février : Philippines. Cory Aquino obtient près de 77 % de «oui» au référendum constitutionnel, prorogeant son mandat jusqu'en 1992. *55*

21 février : France. Arrestation des quatre chefs d'Action directe.

3 mars : Italie. Chute du gouvernement Craxi, le plus long depuis la guerre. *43*

15 mars : Hongrie. Manifestation pour l'anniversaire de l'insurrection de 1848.

19 avril : Argentine. Le président Alfonsín écrase un putsch militaire.

8-14 juin : Pologne. Troisième visite du pape.

11 juin : Grande-Bretagne. Troisième mandat de Margaret Thatcher. *37*

19 juillet : Corée-du-Sud. Le président Chon Duhwan quitte le pouvoir à la suite d'émeutes. Son successeur, Roh Tae-woo, annonce des mesures de démocratisation. *55*

31 juillet : Arabie Saoudite. Des pèlerins iraniens et les forces de l'ordre saoudiennes s'affrontent à La Mecque : 402 morts.

7 août : Amérique centrale. Un plan de paix est adopté par tous les pays de l'isthme.

28 août : Philippines. Tentative de putsch.

9 septembre : RFA. Erich Honecker effectue la première visite officielle d'un dirigeant de la RDA. *76*

13 septembre : France. Le «oui» à la France l'emporte en Nouvelle-Calédonie.

1er octobre : France. Le Tribunal pénal international condamne la France à verser 50 millions de francs à Greenpeace.

1er-6 octobre : Chine. L'armée réprime des émeutes à Lhassa, au Tibet : 13 morts.

19 octobre : Etats-Unis. Krach à Wall Street. *23*

26 octobre : monde. Deuxième «lundi noir» des marchés boursiers.

2 novembre : Chine. Renouvellement des organes dirigeants au profit des partisans de Deng Xiaoping.

5 novembre : Nicaragua. Le président Ortega accepte de négocier avec les «contras».

7 novembre : Tunisie. Habib Bourguiba est déposé par le général Ben Ali, Premier ministre depuis octobre. *64, 64*

18 novembre : Etats-Unis. Rapport du Congrès sur l'«Irangate», ventes d'armes à l'Iran par l'intermédiaire d'Israël pour financer les «contras» nicaraguayens. Ronald Reagan n'est pas destitué. *69*

8 octobre : Etats-Unis. Signature avec l'URSS du traité de Washington sur l'élimination des missiles Pershing et SS 20.

15 novembre : Roumanie. Emeutes contre la misère et la dictature.

9-10 décembre : Palestine. Début de l'Intifada dans les territoires occupés. *16*

▶ 1988

28 janvier : monde. 148 pays font de 1988 l'«Année de communication sur le sida».

26 février : Panamá. Coup d'Etat du général Noriega.

17-18 mars : Irak. Bombardement de villages kurdes au gaz toxique : 5 000 morts. *11*

23 mars : Nicaragua. Cessez-le-feu entre les sandinistes et les «contras». *69*

3 avril : Ethiopie-Somalie. Fin de la guerre de l'Ogaden.

14 avril : Suisse. Accord sur le retrait des troupes soviétiques d'Afghanistan. *26*

5 mai : Liban. Libération de Marcel Carton, Marcel Fontaine et Jean-Paul Kaufmann.

5 mai : France. Intervention en Nouvelle-Calédonie pour libérer 23 gendarmes pris en otages : 19 morts kanaks, 2 français.

8 mai : France. François Mitterrand est réélu président. Michel Rocard est nommé Premier ministre le 10. *35*

22 mai : Hongrie. János Kádár, nommé au poste honorifique de président du parti communiste, est en fait écarté du pouvoir.

25 mai : Cambodge. Retrait de 50 000 soldats vietnamiens.

13 juin : CEE. Les Douze signent un accord pour libérer les mouvements de capitaux.

26 juin : France. Accord Tjibaou (FLNKS)-Lafleur (RPCR) en Nouvelle-Calédonie.

8 août : Iran-Irak. L'ONU annonce le cessez-le-feu entre les deux pays.

CHRONOLOGIE

17 août : Pakistan. Le général Zia ul-Haq est tué dans un attentat. *61*

21 août : Burundi. Massacres de Hutus. *62*

29 septembre : Bangladesh. Inondations. *116*

4-5 octobre : Algérie. Emeutes dans un contexte de faillite économique. *65*

5 octobre : Chili. Augusto Pinochet perd le plébiscite qu'il a organisé pour assurer son maintien au pouvoir jusqu'en 1997. *68*

15 novembre : Algérie. L'OLP, après avoir reconnu Israël, proclame la création d'un Etat indépendant en Palestine.

16 novembre : Pakistan. Le parti de Benazir Bhutto remporte les législatives. *61*

7 décembre : Etats-Unis. Lors de sa visite, Mikhaïl Gorbatchev annonce la réduction unilatérale des forces conventionnelles de l'URSS et le retrait de 10 000 chars d'Europe.

7 décembre : URSS. Séisme en Arménie : 55 000 morts. *116, 116*

13 décembre : Etats-Unis. A l'ONU, Yasser Arafat lance une initiative de paix.

22 décembre : Afrique. Traités sur le retrait des troupes cubaines d'Angola et l'accession de la Namibie à l'indépendance. *28*

▶ 1989

1er janvier : Etats-Unis. Investiture du président George Bush.

11 janvier : monde. Une convention internationale interdit les armes chimiques.

8 février : URSS. 4 000 manifestants réclament l'indépendance de la Géorgie. *27*

14 février : Iran. L'imam Khomeiny condamne à mort l'écrivain Salman Rushdie. *135, 135*

27 février : Estonie. 100 000 personnes défilent à Tallinn pour l'indépendance.

5-7 mars : monde. 124 pays décident de supprimer les émissions de gaz qui détruisent la couche d'ozone.

26 mars : URSS. Election du Congrès. Boris Eltsine, limogé par Mikhaïl Gorbatchev, triomphe.

29 mars : Yougoslavie. Répression sanglante des manifestations de protestation contre la suppression de l'autonomie du Kosovo.

9 avril : Namibie. Un accord permet l'évacuation des guérilleros de la SWAPO.

4 mai : France. Assassinat de Jean-Marie Tjibaou et Yeiwené Yeiwené par des indépendantistes en Nouvelle-Calédonie.

11 mai : Panamá. Le général Noriega annule les élections : vive réaction des Etats-Unis.

14 mai : Argentine. Carlos Menem, péroniste, est élu président.

16 mai : Chine. La visite de Mikhaïl Gorbatchev scelle la réconciliation avec l'URSS. *56*

4 juin : Chine. Ecrasement du mouvement étudiant sur la place Tianan men. *58-59*

3 juin : Iran. Mort de Ruhollah Khomeiny. *11, 11*

18 juin : Pologne. Les élections législatives voient le triomphe de *Solidarnosc*. *75*

24 juin : Chine. Zhao Ziyang est remplacé par Jiang Zemin à la tête du parti communiste. *56*

5 juillet : Afrique du Sud. Le président Botha reçoit Nelson Mandela pour un entretien. *67*

10 juillet : URSS. Grève des mineurs.

30 juillet : Iran. Hachemi Rafsandjani est élu président.

24 août : Pologne. Gouvernement de coalition avec *Solidarnosc*.

10 septembre : Hongrie. Le pays ouvre sa frontière avec l'Autriche. *76*

9 novembre : Allemagne. Chute du mur de Berlin. *77*

11 novembre : Salvador. Offensive générale de la guérilla.

29 décembre : Tchécoslovaquie. Václav Havel est élu à la présidence de la République, et Alexander Dubcek à la présidence de l'Assemblée fédérale. *81, 81*

6 décembre : RDA. Démission du chef de l'Etat, Egon Krenz.

14 décembre : Chili. Le démocrate Patricio Aylwyn est élu président.

17 décembre : Brésil. Les premières élections libres depuis vingt-neuf ans donnent la présidence à Fernando Collor.

25 décembre : Roumanie. Exécution du président Ceausescu et de sa femme à l'issue d'un procès expéditif. *80, 81*

INDEX DES NOMS

Cet index regroupe les principaux personnages cités dans l'ouvrage. Les biographies développées correspondent à ceux qui ont eu un rôle éminent durant la décennie. Certaines entrées renvoient à l'index d'une décennie antérieure, d'autres seront développées dans l'ultime décennie.

▶ A

Agassi, André (1970)
Tennisman américain. **122**

Alia, Ramiz (1925)
Homme d'Etat albanais. **79**

Allen, Allen Stewart Konigsberg, dit **Woody** (1935)
Cinéaste et acteur américain. **145**

Almodovar, Pedro (1949)
Cinéaste espagnol. **142**

Altman, Robert (1925)
Cinéaste américain. **145**

Andreotti, Giulio (1919)
Homme politique italien. **42**

Andropov, Iouri Vladimirovitch (1914-1984)
Général et homme d'Etat soviétique. **24, 25**

Aquino, Corazón, dite **Cory** (1932)
Femme d'Etat philippine. **55,** *55*

Arafat, Abdel Rauf Arafat al-Qudwa, dit **Yasser** (1929)
Homme politique palestinien. **13, 16**

Aron, Raymond (1905-1983)
Philosophe et sociologue français. **134**

Assad, Hafez al- (1928)
Général et homme d'Etat syrien. Issu de la minorité alaouite, il a entrepris une carrière militaire, tout en appartenant au parti Baas, socialiste, laïque et panarabe. Il a pris le pouvoir à la faveur d'un coup d'Etat (1970). Très fin politique, parfois surnommé le «Bismarck du Proche-Orient», il poursuit le rêve d'une Grande Syrie, regroupant le Liban et la Jordanie. **11**

Aylwyn Azócar, Patricio (1918)
Homme d'Etat chilien. **69**

▶ B

Basquiat, Jean-Michel (1960-1988)
Peintre américain. **136**

Béatrix Ire (1938)
Reine des Pays-Bas. **109**

Ben Ali, Zine el-Abidine (1936)
Général et homme d'Etat tunisien. Nommé Premier ministre par Habib Bourguiba, il prend le pouvoir en 1987, s'appliquant à moderniser l'économie et à réprimer les islamistes. **64**

Berlinguer, Enrico (1922-1984)
Homme politique italien. Secrétaire général du parti communiste, il émancipe son parti de l'Union soviétique et milite pour le «compromis historique», tentative d'alliance avec la démocratie chrétienne. **42**

Bertolucci, Bernardo (1941)
Cinéaste italien. **143**

Bhutto, Benazir (1953)
Femme politique pakistanaise. **61,** *61*

Bofill, Ricardo (1939)
Architecte espagnol. **138**

Botha, Pieter Willem (1916)
Homme d'Etat sud-africain. **67,** *67*

Bourguiba, Habib ibn Ali (1903)
Homme d'Etat tunisien *(voir décennie 1950).* **64,** *64*

Brejnev, Leonid Ilitch (1906-1982)
Homme politique soviétique *(voir décennie 1960).* **24, 28, 72, 74**

Bush, George Herbert Walker (1924)
41e président des Etats-Unis. Républicain, pilote de guerre en 1939-1945, vice-président de Ronald Reagan (1981), il est élu à la présidence en 1988. Sa politique tout à la fois de vigilance et de dialogue à l'égard de l'Union soviétique est appréciée. Sa popularité culminera au moment de la guerre du Golfe (1991), mais la sévère dépression économique du début des années 1990 lui vaudra d'être battu par le démocrate Bill Clinton (1992). **23,** *23,* **52**

▶ C

Calvo Sotelo, Leopoldo (1926)
Homme politique espagnol. **40,** *41*

Carter, James Earl, dit **Jimmy** (1924)
39e président des Etats-Unis *(voir décennie 1970).* **20,** *20,* **21, 28**

INDEX DES NOMS

Ceausescu, Nicolae (1918-1989)
Homme d'Etat roumain. Communiste, résistant, il est devenu le premier secrétaire du parti en 1965. Il a partiellement émancipé son pays de l'URSS en politique extérieure, mais instauré une sanglante oligarchie familiale. Il est renversé en 1989 puis exécuté sommairement avec sa femme Elena. *78*, 79

Chadli Bendjedid, dit **Chadli** (1929)
Colonel et homme d'Etat algérien. 65

Charles, Mountbatten-Windsor (1948)
Prince héritier de la couronne du Royaume-Uni, prince de Galles. 108

Chirac, Jacques (1932)
Homme d'Etat français. *34, 35*

Christo, Christo Javacheff, dit (1935)
Artiste bulgare, puis américain. 137

Cossiga, Francisco (1928)
Homme politique italien. *43*

Craxi, Bettino (1934)
Homme politique italien. 42, *43*

► D

De Klerk, Frederik Willem (1936)
Homme d'Etat sud-africain. 67, *67*

Delors, Jacques (1925)
Haut fonctionnaire et homme politique français. Membre du parti socialiste, il devient ministre de l'Economie et des Finances en 1981. L'échec de la relance néo-keynésienne le conduit à entamer une politique de «rigueur» en 1983. Nommé président de la Commission de Bruxelles (1985), il contribue à la relance du processus de construction européenne en participant activement à l'élaboration de l'Acte unique (1986) et au traité de Maastricht (1992). *47*

Deng Xiaoping (1904-1988)
Homme politique chinois *(voir décennie 1970)*. 56

De Niro, Robert (1943)
Acteur américain. *144, 145*

De Palma, Brian (1940)
Cinéaste américain. 145

Di, Diana Spencer, dite **Lady** (1961-1997)
Princesse de Galles. 108

Duras, Marguerite Donnadieu, dite **Marguerite** (1914-1996)
Ecrivain et cinéaste française. 134

Duvalier, Jean-Claude, dit **Baby Doc** (1951)
Homme d'Etat haïtien. 68

► E

Eco, Umberto (1932)
Ecrivain et sémiologue italien. 134

Elisabeth II (1926)
Reine du Royaume-Uni. 108

► F

Fabius, Laurent (1946)
Homme politique français. *34*

Fellini, Federico (1920-1993)
Cinéaste italien *(voir décennie 1960)*. 142, 143

Fignon, Laurent (1960)
Coureur cycliste. 123, *123*

Forman, Milos (1932)
Cinéaste tchécoslovaque, puis américain. *142*, 145

Foster, sir Norman (1935)
Architecte britannique. *138*, 139

Frears, Stephan (1941)
Cinéaste britannique. 142

► G

Galtieri, Leopoldo Fortunato (1927)
Général et homme d'Etat argentin. 38, *69*

Gandhi, Indira (1917-1984)
Femme politique indienne. Fille de Jawaharlal Nehru, père de l'Inde moderne, présidente du parti du Congrès (1959), elle a été Premier ministre (1967-1977), instaurant l'état d'urgence. De nouveau chef du gouvernement (1980-1984), elle peine à résoudre les conflits ethniques, religieux et de caste. Elle meurt assassinée par deux sikhs de sa garde. 61, *61*

Gandhi, Rajiv (1944-1991)
Homme politique indien. Fils d'Indira Gandhi, il devient Premier ministre à la mort de sa mère (1984-1989). Au moment de retrouver le pouvoir, il sera assassiné. 61

INDEX DES NOMS

Gates, William H., dit **Bill** (1955)
Informaticien et homme d'affaires américain. **90**

Gaultier, Jean-Paul (1952)
Couturier français. **110**

Gemayel, Amine (1942)
Gemayel, Béchir (1947-1982)
Hommes politiques libanais maronites. **14**, *14*

Gierek, Edward (1913)
Homme politique polonais. **74**

Giscard d'Estaing, Valéry (1926)
Homme d'Etat français *(voir décennie 1970)*. **32**

Godard, Jean-Luc (1930)
Cinéaste français *(voir décennie 1960)*. **142**

González Márquez, Felipe (1942)
Homme politique espagnol. Chef du parti socialiste, il devient Premier ministre (1982-1996), contribue à acclimater la démocratie dans son pays et modernise l'économie, jugée apte à intégrer la CEE (1986). Il ne parvient cependant pas à éradiquer le terrorisme basque et se voit indirectement mis en cause par des scandales financiers. **40**, *41*

Gorbatchev, Mikhaïl Sergueïevitch (1931)
Homme d'Etat soviétique. Lorsqu'il arrive au pouvoir à 54 ans (1985), succédant à une gérontocratie usée, il connaît les carences économiques et politiques du système et s'attaque à sa bureaucratie en lançant la *perestroïka*, vaste mouvement de réformes qu'il ne peut bientôt plus contrôler, et la *glasnost* («transparence»), qui libère la parole et engage le pays dans la voie d'une certaine démocratisation, mais se révèle impuissant à résoudre les problèmes structurels de l'économie soviétique mise à bout de souffle par une course aux armements qu'elle ne peut suivre. D'où la signature des accords de désarmement (1987), le retrait d'une partie de l'Armée rouge basée en Europe orientale (1988) et son départ d'Afghanistan (1989). Face à l'orthodoxie communiste de l'Allemand Erich Honecker, il se montre pragmatique en acceptant la chute du mur de Berlin (1989) et la disparition du «bloc de l'Est». Destitué par une tentative de coup d'Etat (août 1991), il devra peu après céder son pouvoir à Boris Elstine au moment où l'URSS cessera d'exister. **25**, **27**, **29**, *29*, *44*, **56**, **72**, *72*, **73**, **75**

▶ H

Hassan II, Moulay al-Hassan ibn Mohamed al-Alaoui (1929-1999)
Roi du Maroc. **64**

Havel, Václav (1935)
Homme d'Etat et écrivain tchèque. **79**, *79*, **135**

Hirohito (1901-1989)
Empereur du Japon. Ayant succédé à son père Taishô Tennô (1926), ses pouvoir ont été fortement encadrés par le haut-commandement militaire. Il a vu son pays entrer en guerre contre la Chine, signé la déclaration de guerre contre le Royaume-Uni et les Pays-Bas (1941), puis assisté à la bataille de Pearl Harbor. En 1945, il a fait pression sur son état-major pour qu'il cesse les hostilités. Maintenu sur son trône par les troupes d'occupation américaines, il a été l'empereur de la reconstruction et des succès économiques du Japon de l'après-guerre, jusqu'à sa mort, après 63 ans de règne. **53**

Hitchcock, sir Alfred (1899-1980)
Cinéaste britannique *(voir décennie 1950)*. **109**, **145**

Hockney, David (1937)
Peintre britannique. **136**

Honecker, Erich (1912-1994)
Homme politique allemand. **44**, **76**

Hussein ibn Talâl (1935-1999)
Roi de Jordanie. *14*

Hussein, Saddam (1937)
Homme d'Etat irakien. **10**, *10*, **11**

Huston, John (1906-1987)
Cinéaste américain. Boxeur, acteur, journaliste, scénariste puis metteur en scène, il est l'auteur du *Faucon maltais* (1941), des *Désaxés* (1961), d'*Au-dessous du volcan* (1984). Sa personnalité, très excessive, a fasciné nombre d'écrivains et de réalisateurs. **145**

Hu Yaobang (1915-1989)
Homme politique chinois. **56**, **57**

INDEX DES NOMS

▶ J

Jackson, Michael (1958)
Chanteur américain. **140**, *141*
Jarmush, Jim (1953)
Cinéaste américain. **145**
Jaruzelski, Wojciech (1923)
Général et homme d'Etat polonais. Pour parer à une intervention soviétique, il décrète l'«état de guerre» et réprime l'opposition (décembre 1981), mais se montre peu à peu conciliant à l'égard du syndicat *Solidarnosc*. Tandis que les communistes se convertissent à l'économie de marché et à la démocratie, il devient président (1989), mais devra céder son poste à Lech Walesa (1990). **74**, *74*, **75**
Jean-Paul II, Karol Wojtyla (1920)
262ᵉ pape (depuis octobre 1978). **48-49**, **74**, *74*
Jiang Qing (1913-1991)
Femme politique chinoise. **56**, *56*
Jivkov, Tador (1911-1998)
Homme politique bulgare. **79**
Johnson, Philip C. (1906)
Architecte américain. **138**
Juan Carlos Iᵉʳ (1938)
Roi d'Espagne. Petit-fils d'Alphonse XIII, choisi comme successeur par Franco (1969), il conduit son pays vers la démocratie après la mort du Caudillo (1975), tenant en échec le putsch d'Antonio Tejero (1981), et poursuit les réformes engagées. **40**, *41*, **109**

▶ K

Karamé, Rachid (1921-1987)
Homme politique libanais sunnite. **15**
Kadhafi, Muammar al- (1942)
Homme d'Etat libyen. Au pouvoir depuis 1969, après un coup d'Etat militaire, il a nationalisé les pétroles, laïcisé son pays, multiplié les tentatives d'union avec ses voisins, lesquelles ont toutes échoué. Il a activement soutenu le terrorisme international. **64**, *64*, **65**
Kelly, Grace (1929-1982)
Actrice américaine, puis princesse de Monaco. **109**

Khomeiny, Ruhollah (1902-1989)
Religieux et homme politique iranien. Entré en politique et en religion dès son adolescence, il est devenu ayatollah et a pris la tête de la communauté chiite alors qu'elle se révolte contre le chah (1963). Un long exil l'a conduit de la Turquie à l'Irak, puis en France. En 1979, la révolution iranienne l'a ramené à Téhéran où il devient chef de l'Etat («Guide de la révolution») et établit une République islamique. Violemment antiaméricain, il prend le contre-pied des mesures économiques de son prédécesseur et conduit la guerre contre l'Irak **10**, **11**, **11**, *135*
Kohl, Helmut (1930)
Homme politique allemand. Président de la CDU (1973), il succède à Helmut Schmidt à la chancellerie (1982). Il est l'homme de la construction européenne et de la réunification allemande. Mais les difficultés économiques qu'entraîne cette dernière lui feront perdre les élections de 1998. **44**, **45**, *45*
Kurosawa Akira (1910-1998)
Cinéaste japonais. *142*
Kusturica, Emir (1955)
Cinéaste yougoslave. **142**

▶ L M

Lewis, Carl (1961)
Athlète américain. **126**, **127**, *127*
Lucas, George (1945)
Cinéaste américain. **144**
Lynch, David (1946)
Cinéaste américain. **145**

MacEnroe, John (1959)
Joueur de tennis américain. **122**
Madonna, Madonna Louise Ciccone, dite (1958)
Chanteuse américaine. **110**, **140**
Mandela, Nelson (1918)
Homme d'Etat sud-africain. **67**, *67*
Maradona, Diego (1960)
Joueur de football. **128**, **129**, *129*
Marcos, Ferdinand (1917-1989)
Homme d'Etat philippin. **55**, *55*

INDEX DES NOMS

Mauroy, Pierre (1928)
Homme politique français. **33**, **34**, *35*
Milosevic, Slobodan (1941)
Homme politique yougoslave . **79**, *79*
Mitterrand, François (1916-1996)
Homme d'Etat français. Plusieurs fois ministre sous la IVe République, opposé au retour du général de Gaulle en 1958 et à la constitution de la Ve République, il est devenu le principal dirigeant de la gauche non communiste. Ayant mis le Général en ballottage à l'élection présidentielle de 1965, il a fédéré la gauche démocrate et socialiste dans le Parti socialiste (1971) et s'est allié avec les communistes et les radicaux de gauche (1972). Elu président de la République (mai 1981), réélu (1988), il fait adopter des réformes sociales puis se convertit à une politique de rigueur, mais ne parvient pas à résorber les problèmes de l'économie française. Sa présidence est marquée par l'accélération de la construction européenne et l'adaptation de la France à la mondialisation de l'économie. **32**, **33**, **35**
Mladenov, Petar (1936)
Homme politique bulgare. **79**
Montagnier, Luc (1932)
Chercheur français. Son équipe a isolé le virus du sida (1983). Il poursuit aux Etats-Unis et à l'Institut Pasteur des recherches pour trouver un vaccin. **88**
Moubarak, Hosni (1928)
Homme d'Etat égyptien. Devenu maréchal à la suite de la guerre de 1973 contre Israël, fidèle d'Anouar al-Sadate, il lui succède (1981). Il poursuit le rapprochement avec Israël, participe à la coalition contre l'Irak lors de la guerre du Golfe (1990-1991). A l'intérieur, il doit composer avec une démographie en expansion constante, et contenir les progrès des islamistes. **13**, *13*

▶ N

Nakasone Yasuhiro (1918)
Homme politique japonais. *47*, *52*, **53**
Navratilova, Martina (1956)
Tenniswoman tchécoslovaque, puis américaine. **122**, *122*
Noah, Yannick (1960)
Joueur de tennis français. **122**, *122*

▶ P

Pei, Ieoh Ming (1917)
Architecte chinois, puis américain. *138*, **139**
Peres, Shimon (1923)
Homme politique israélien. **65**
Piano, Renzo (1937)
Architecte italien. **139**
Platini, Michel (1955)
Footballeur français. **112**, **129**, *129*

▶ R

Reagan, Ronald (1911)
40e président des Etats-Unis. Acteur de Hollywood, entré en politique dès 1947, il est devenu gouverneur de la Californie (1967-1975) sous l'étiquette républicaine. Il est élu à la Maison Blanche (1980) sur un programme économique libéral et la promesse d'un retour aux valeurs morales traditionnelles de l'Amérique. Son second mandat (1984-1988), entaché par un scandale portant sur la vente secrète d'armes à l'Iran, est aussi marqué par le lancement de l'«initiative de défense stratégique» (IDS) à l'origine pour partie de l'effondrement du système soviétique. **20**, *20*, **21**, *21*, **22**, **23**, *23*, **28**, **29**, *29*, **36**
Redford, Charles Robert Redford, dit **Robert** (1937)
Acteur et cinéaste américain. *144*
Resnais, Alain (1922)
Cinéaste français. **142**
Rocard, Michel (1930)
Homme politique français. **35**
Rogers, Richard (1933)
Architecte britannique. **139**
Roh Tae-woo (1932)
Homme d'Etat sud-coréen. **55**
Rosi, Francesco (1922)
Cinéaste italien. **143**
Rushdie, Salman (1947)
Romancier britannique d'origine indienne. **135**, *135*

INDEX DES NOMS

▶ S

Sadate, Anouar al- (1918-1981)
Homme d'Etat égyptien. Successeur de Nasser, sa présidence (1970-1981) voit l'abandon du grand rêve de fusion panarabe, le retour d'un certain parlementarisme, l'instauration d'un prudent libéralisme économique. En 1973, il déclenche la guerre du Kippour et Israël est, un instant, au bord de l'effondrement, mais les Israéliens repoussent les Egyptiens, franchissent le canal de Suez jusqu'au cessez-le-feu imposé par l'URSS et les Etats-Unis. Fort de ce demi-succès, Anouar al-Sadate peut négocier avec Israël la paix contre les territoires du Sinaï, sous les auspices des Etats-Unis (1979). Mais il suscite une forte opposition, notamment chez les islamistes, à l'origine de l'attentat qui lui coûte la vie. **12**, *12*, **13**

Sartre, Jean-Paul (1905-1980)
Ecrivain français *(voir décennie 1940)*. **134**

Scola, Ettore (1931)
Cinéaste italien. **143**

Scorsese, Martin (1942)
Cinéaste américain. *144*

Soyinka, Wole (1934)
Ecrivain nigérian d'expression anglaise. **135**

Spielberg, Steven (1947)
Cinéaste américain. **145**, *145*

▶ T

Tàpies, Antoni (1923)
Peintre espagnol. *137*

Thatcher, Margaret (1925)
Femme politique britannique. Leader des conservateurs (1976), elle a été nommée Premier ministre (1979). Libérale, elle s'oppose au pouvoir des syndicats, privatise la plupart des entreprises publiques et réduit les interventions de l'Etat-providence. A l'extérieur, elle est l'alliée privilégiée des Américains, gagne la guerre des Malouines contre l'Argentine (1982), soutient Mikhaïl Gorbatchev lors de la *perestroïka* et s'oppose à l'intégration européenne, ce qui l'amènera à démissionner (1990). *20*, **36-37**, **38**

Trier, Lars von (1956)
Cinéaste danois. **143**

▶ W Y Z

Wajda, Andrzej (1926)
Cinéaste polonais. *Ils aimaient la vie* (1957) et *Cendres et Diamant* (1958) l'ont fait connaître. Lyrique, privilégiant les fresques historiques, il réalise *L'Homme de marbre* (1977) et *L'Homme de fer* (1981), diptyque sur la condition ouvrière de la Pologne contemporaine, puis *Danton* (1982). **142**

Walesa, Lech (1943)
Homme d'Etat polonais. Electricien des chantiers navals de Gdansk, catholique pratiquant, il est le leader de la grande grève de 1980 qui donne naissance au syndicat libre *Solidarnosc*. Il conduit la démocratisation de son pays, et sera président de 1990 à 1995. **74**, *74*, **75**

Welles, Orson (1915-1985)
Cinéaste américain. Homme de théâtre, puis de radio, il s'est révélé avec *Citizen Kane* (1941), absolue révolution de la technique filmographique, *La Splendeur des Amberson* (1942) ou *Le Procès* (1982). Acteur, son interprétation dans *Le Troisième Homme* de Carol Reed (1949), toute de modestie (on ne voit pratiquement que son ombre), signe sa dévotion au 7e art. **145**

Wenders, Wilhelm, dit **Wim** (1945)
Cinéaste allemand. **142**, *143*

Yourcenar, Marguerite de Crayencour, dite **Marguerite** (1908-1987)
Romancière et essayiste française. **134**, *134*

Zhao Ziyang (1919)
Homme politique chinois. Communiste dès 1938, il est nommé Premier ministre à la place de Hua Guofeng (1980-1987), puis secrétaire général du parti communiste (1987-1989). **56**, **57**

Zia ul-Haq, Mohammad (1924-1988)
Général et homme d'Etat pakistanais. **61**, *61*

Michel Pierre est agrégé d'histoire, licencié d'histoire de l'art et d'archéologie. Auteur de nombreux ouvrages sur le XXe siècle, il a exercé les fonctions de maître de conférences à l'Institut d'études politiques de Paris, d'attaché culturel près l'ambassade de France à Alger et de directeur de l'Institut français de Florence. Il est aujourd'hui directeur général des affaires culturelles de la ville de Bordeaux.

CRÉDITS PHOTOGRAPHIQUES ET REMERCIEMENTS

Toutes les images proviennent des archives de l'agence APTN de Londres, excepté 122, 123, 124-125, 127, 128b, 129, 130, 131 (Sygma), 106 (Amnesty International) et 134 (Archives Gallimard).
Les cartes des pages 4-5 et 149 ont été réalisées par la société Edigraphie.

L'auteur et l'éditeur remercient particulièrement Martine Offroy, directrice du patrimoine Gaumont ; Manuela Padoan, responsable de la cinémathèque Gaumont, et son équipe : Agnès Bertola, Pierrette Fortin, Sandrine Pelcar, Laurence Pomaillin, Tristan Benrubi, Roger Descamps et Bruno Polsineli. Ils adressent également leurs remerciements à Françoise Cellier et David Simmons de l'agence APTN, ainsi qu'à Suzanne Bosman, Isabelle de Latour, Catherine Joubeau, Pierre-Gilles Bellin, Jean-Marie Brézillon, Jean-Paul Brighelli, Alban Cerisier et Pierre Ysmal.

ÉDITION ET FABRICATION

UNE AUTRE HISTOIRE DU XXe SIÈCLE
Direction : Elisabeth de Farcy
Coordination générale : Elisabeth Le Meur
Graphisme : Alain Gouessant
Promotion & Presse : Valérie Tolstoï
Fabrication : Nadège Grézil
Suivi de production : Madeleine Gonçalves

DE L'ACTUALITÉ À L'HISTOIRE
1980-1990
Un nouvel échiquier
Rédaction de légendes : Julien Winock et Edouard Pflimlin
Documentalistes : Edouard Pflimlin assisté d'Alban de Latour
Maquette : Vincent Lever
Lecture-correction : Pierre Granet et Catherine Lévine
Photogravure : W Di Gamma

Tous droits de traduction et d'adaptation réservés pour tous pays
© Gallimard 1999
© APTN pour les documents d'illustration
Dépôt légal : novembre 1999
ISBN : 2-07-053472-3
Numéro d'édition : 87655
Imprimerie Editoriale Lloyd, Italie

Réalisé avec le concours de Gaumont et du Mémorial de Caen